阅读推广人系列教材（第三辑）

中国图书馆学会　编
王余光　霍瑞娟　李东来　总主编

社区与乡村
阅读推广

主　编　徐益波
副主编　万湘容

Reading Promotion in
Communities and
Rural Areas

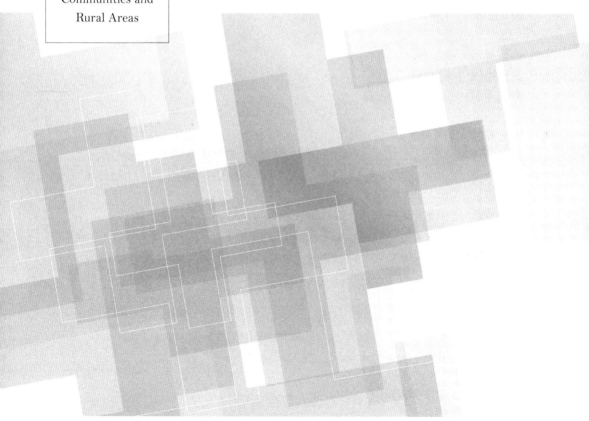

朝华出版社
BLOSSOM PRESS

图书在版编目（CIP）数据

社区与乡村阅读推广 / 徐益波主编 . -- 北京：朝
华出版社 , 2020.2
阅读推广人系列教材 . 第三辑
ISBN 978-7-5054-4486-7

Ⅰ . ①社… Ⅱ . ①徐… Ⅲ . ①社区—读书活动—教材
②农村—读书活动—教材 Ⅳ . ① G252.17

中国版本图书馆 CIP 数据核字（2019）第 089846 号

社区与乡村阅读推广

主　　编　徐益波
副 主 编　万湘容

选题策划　张汉东
责任编辑　刘小磊　韩丽群
责任印制　张文东　陆竞赢

出版发行　朝华出版社
社　　址　北京市西城区百万庄大街 24 号　　　　邮政编码　100037
出版合作　（010）68995593
订购电话　（010）68996050　68996618
传　　真　（010）88415258（发行部）
联系版权　j–yn@163.com
网　　址　http：//zhcb.cipg.org.cn
印　　刷　文畅阁印刷有限公司
经　　销　全国新华书店
开　　本　710mm×1000mm　1/16　　　　　字　　数　210 千字
印　　张　14.25
版　　次　2020 年 2 月第 1 版　　2020 年 2 月第 1 次印刷
装　　别　平
书　　号　ISBN 978-7-5054-4486-7
定　　价　45.00 元

阅读推广人系列教材
编委会

总 序

由中国图书馆学会（以下简称"中图学会"）主持编写的丛书"阅读推广人系列教材"，是中图学会"阅读推广人"培育行动的一部分。

自 2005 年中图学会设立科普与阅读指导委员会（2009 年更名为"阅读推广委员会"）以来，各类型图书馆逐步重视开展阅读推广活动，并取得了丰硕的成果。在阅读推广过程中，很多图书馆面临不少问题，其中没有适合从事阅读推广的馆员是一个重要问题，而这对图书馆阅读推广活动能否持续、有效、创新地开展，将产生重要的影响。

鉴于此，中图学会阅读推广委员会于 2013 年 7 月，在浙江绍兴图书馆举办了"首届全国阅读推广高峰论坛"。这一论坛的目的是为图书馆免费培训阅读推广人，造就一支理念新、专业强、技能高的阅读推广人才队伍。首届论坛获得了图书馆界同人极高的评价。此后，在 2014 至 2015 年，中图学会阅读推广委员会又在常熟、石家庄、镇江、成都、临沂举办了五次免费培训，都取得了良好效果。

在绍兴阅读推广人培训之后，中图学会阅读推广委员会便着手考虑培训的专业化与系统性。为了更好地将阅读推广人培训工作顺利推进，委员会于 2014 年 7 月为中图学会制定了《培育阅读推广人行动计划（草案）》。该草案分四个部分：前言、培训课程体系与教材、专家组织、考核与能力证书授予等。关于阅读推广人，"前言"中写道：

"阅读推广人"是具有一定资质，可以开展阅读指导、提升读者阅读兴趣和阅读能力的专业与业余人士。

全民阅读、阅读推广，是立足中国文化、提高中华民族素质与竞争力的重要举措，近两年来受到政府与社会的广泛关注。为了推动全民阅读工作规范有效开展，培训"阅读推广人"，则是十分重要与必要的，也是很多机构，如学校、图书馆、大型企业、宣传部门十分需要的。

中国图书馆学会长期以来开展阅读推广活动，积累了丰富的经验，并拥有一批该领域的专家学者，从事全民阅读与阅读推广研究，他们承担课题或从事教育培训，取得了一定的成果，为进一步开展"阅读推广人"的培训、资格认证提供了重要的基础。作为以促进全民阅读，为读者终身学习提供保障为目标和社会责任的图书馆，应当成为阅读推广人培养与成长的摇篮。

中国图书馆学会为了更好地帮助图书馆、学校、大型企业、宣传部门等机构开展阅读推广工作，将阅读推广人培训作为自己一项长期工作。为了培训工作更好与规范地开展，特制订《培育阅读推广人行动计划》。参加培训的学员，通过一定的考核，中国图书馆学会将授予学员"阅读推广人"资格证书。

2014年12月11日，中图学会阅读推广委员会举办的"全民阅读推广峰会暨'阅读推广人'培育行动启动仪式"在常熟图书馆召开。会上，中图学会正式启动"阅读推广人"培育行动。

在"阅读推广人"培育行动中，教材的编写成为首要任务。这套"阅读推广人系列教材"是国内首套针对阅读推广人的教材。由于没有相关的参考著作，教材可能还存在一些不足。在今后使用过程中，对教材中存在的问题与不足，主编将做进一步的修订与完善。这套教材的问世，对中国阅读推广人的培育将发挥积极的推动作用。

"阅读推广人系列教材" 编委会

前　言

　　中国人崇尚阅读。励志的读书典故脍炙人口，如映雪读书、凿壁偷光、囊萤照读。古代名画以读书为题材者为数甚众，如北宋李唐的《雪窗读书图》、张舜民的《卖薪诵书图》，南宋梁楷的《树下读书图》、马远的《渔村读书图》，元代王蒙的《松山书屋图》、朱德润的《秋林读书图》，或坐船傍水而阅，或卧床踞榻而阅，或栖林倚树而阅，充分展现了传统阅读的魅力，也体现了古代中国阅读资源的匮乏。

　　进入 21 世纪，经济社会的快速发展、信息技术的革新换代，使阅读环境、阅读方式、阅读介质、阅读群体等均发生了翻天覆地的变化，阅读生态呈现新趋势：一是数字化和纸质阅读均有所增长，二是城乡居民不同介质阅读率和阅读量均存在明显差异，三是有声阅读成为全民阅读新的增长点，四是深度阅读行为的占比偏低，五是中青年是数字化阅读的主要群体，六是对政府部门举办的阅读活动需求大。

　　近年来，全民阅读受到社会普遍重视。自 2014 年起，"全民阅读"五次写入《政府工作报告》。与阅读相关的国家层面的政策法规相继出台并实施，《公共文化服务保障法》于 2017 年 3 月 1 日正式实施，《公共图书馆法》于 2018 年 1 月 1 日正式施行，《全民阅读促进条例》进入立法程序，这对国内公共图书馆乃至公共文化事业的健康发展起到法律保障的作用。各级地方政府出台全民阅读促进条例，如《广东省全民阅读促进条例》《烟台市全民阅读促进条例》《湖北省全民阅读促进办法》《吉林省全民阅读促进条例》《深圳经济特区全民阅读促进条例》，更好地保障了公民的阅读权利。

城市社区和广大乡村是全民阅读推广的一体两翼的落脚点，也是公共文化服务和图书馆服务的最后一公里，更是全面建成小康社会的决胜阶段中实现阅读服务均衡、普遍、公平的最好体现。城市化、乡村振兴、文化扶贫的更快更好实现离不开全民阅读促进的助力。《社区与乡村阅读推广》的出版，将从基层阅读推广的理论研究和实践探索上，剖析案例，总结经验，促进全民阅读服务的高质量前行。

徐益波

2019 年 6 月 6 日

目　录

第一讲

社区与乡村阅读推广概述

现代图书馆学的一个重要领域是社会阅读与阅读推广。近、现代图书馆为公众的阅读而生，自从 19 世纪中叶近代图书馆诞生之日起，图书馆就致力于成为社会公众进行阅读的一个没有门槛的场所①。而图书馆与阅读的关系，就仿佛有着天生相连的血脉。如《欧洲阅读宣言》称："阅读的先决条件是高质量的阅读环境：图书本身应该具有吸引力；一个广泛的公共图书馆网络是至关重要的；每所学校应该有自己装备精良的图书馆，并同当地的书店和公共图书馆密切合作。"近年来，我国各级各类图书馆都举办了大量形式多样的阅读推广活动，使社会阅读和阅读推广成为图书馆服务的最为活跃、最具创新精神的重要版块。

第一节　社区与乡村阅读推广的定义与边界

2005 年初，中国图书馆学会召开了首次"新年峰会"。此次新年峰会以"讨论重大问题，推动事业发展"为宗旨，分若干议题进行讨论。这届峰会所设立的五个议题之一，就是"图书馆与社会阅读"。2005 年，中国图书馆学会换届完成后，随即成立了学会的"科普与阅读指导委员会"。尽管在 2005 年前后，图书馆学家们更加偏重读者权利、公平服务等方面的研究，对于社会阅读的研究关注较少，但经过科普与阅读委员会的不懈努力，阅读研究逐渐成长壮大，各类图书馆

---

① 范并思. 图书馆学与阅读研究［J］. 图书与情报，2010，132（2）：7–10.

的阅读推广活动越办越好。2009 年中国图书馆学会换届完成后，原科普与阅读指导委员会改名为阅读推广委员会，队伍进一步壮大，学术活动不断增多，阅读与阅读研究成为中国图书馆学领域不可或缺的组成部分。

虽然目前全国各地都开展了大量形式多样、内容丰富的阅读推广活动，也积极总结了许多有价值的实践经验，但是对于阅读推广理论的探索还停留在阅读推广概念的界定上。华东师范大学商学院信息学系教授范并思发表了数篇文章，较为系统地回答了"阅读推广是什么""阅读推广为什么"和"阅读推广怎么做"等问题。范并思认为，阅读推广是一种新型的、介入式的图书馆服务，其目标人群是全体公民，重点是特殊人群，活动化、碎片化是其主要特征，其主要目的是使不爱阅读的人爱上阅读，使不会阅读的人学会阅读，使阅读有困难的人跨越阅读的障碍。他的这些思想为阅读推广初步构建了一个基本的理论框架。范并思在文章中并没有直接回答"什么是阅读推广"这个基本问题，他认为，"这一词汇在中外图书馆学中普遍使用"，从字面理解，"就是对阅读进行推广或促进"。深圳图书馆馆长吴晞认为，阅读是所有文化和社会活动的首要任务，并将阅读推广和促进非正式学习作为新的图书馆现代使命任务中的首要任务 [1]。南开大学商学院信息资源管理系教授于良芝则认为："根据图书馆界从事阅读推广的经验，它主要指以培养一般阅读习惯或特定阅读兴趣为目标而开展的图书宣传推介或读者活动。"阅读推广"本质上是图书馆职业对其用户的阅读行为（或潜在用户的非阅读行为）进行专业化干预的过程"。于良芝还认为，由于目标是"培养阅读习惯或兴趣"，阅读推广试图影响的通常是休闲阅读行为（Reading for Pleasure），即与工作或学习任务无关的阅读行为。

综上所述，目前对于阅读推广的准确定义学界还没有统一的说法，然而在社区与乡村的阅读推广活动的主体为社区与乡村图书馆的前提下，通过借鉴范并思对阅读推广概念的理解，我们可以做出以下的定义：各类主体如公共图书馆、出版社等，面向社区与乡村，动员各种社会力量并利用这个平台开展的阅读推广活动的总称。

---

[1] 吴晞. 任务、使命与方向：图书馆的阅读推广工作 [J]. 图书馆杂志，2014（4）：18–22.

第二节　社区与乡村阅读推广的政策依据

一、《公共图书馆宣言》

《公共图书馆宣言》(*UNESCO Public Library Manifesto 1994*)第一段提及"社会和个人的自由、繁荣与发展是人的基本价值。只有当有文化的公民能够行使其民主权利并能在社会上积极发挥作用时，这些价值才能实现。富有成效的参与和民主的发展有赖于良好的教育和对知识、思想、文化及信息的自由和不受限制的获取。"其中"对知识、思想、文化及信息的自由和不受限制的获取"属于公民权利中的信息权利[①]。1948年，信息权利得到联合国《世界人权宣言》(*Universal Declaration of Human Rights*)的认可，并成为该宣言的第十九款。由此我们可以得出结论：每一个人都有获取知识与信息的权利，公民获取知识与信息的权利需要得到公共资源的保障，建立公共图书馆是政府使用公共资源保障公民获取知识与信息权利的最合理的方式。

图书馆读者群体多种多样，而阅读推广是图书馆的一项基本服务，图书馆不应放弃任何平台和任何人群。其中社区与乡村的读者群体，可能因为地域的局限和当地文化设施条件的限制，不能正常或者不方便利用图书馆资源和服务。《公共图书馆宣言》强调，图书馆阅读推广的重点人群包括：第一，因为缺乏阅读意愿不愿意使用图书馆资源和服务进行阅读的人；第二，因为文化程度较低，图书馆利用技能或信息技能不足，或受到经济社会环境限制不善于利用图书馆资源与服务进行阅读的人；第三，因为残障、疾患、体衰等原因无法方便地进入图书馆阅读普通书刊的人；第四，因年龄太小或太老无法正常利用图书馆，需要提供特殊资源与服务的人[②]。

为特殊人群提供特殊服务是对所有人公平服务的修正和补充，开展特殊服务是公共图书馆服务走向成熟的标志。社区与乡村图书馆在开展阅读推广活动时，主要面对的是当地的基层居民，更加贴近广大群众的生活，服务于各类的特殊人

---

① 范并思.图书馆阅读推广的合理性审视 [J].图书情报工作，2017，61（23）：34–39.
② 范并思.阅读推广与图书馆学：基础理论问题分析 [J].中国图书馆学报，2014，40（5）：4–13.

群。21世纪初，公共图书馆收费成为了市民走进图书馆的主要门槛。2006年以后，公共图书馆免费运动逐渐发展，到2011年国家宣布全国公共图书馆基本服务全免费，收费的门槛被彻底破除。但是在很多地方，特别是在经济不发达地区的城镇，没有门槛的公共图书馆内仍然缺少读者，其实，这些缺少读者的图书馆存在的最后一道门槛，是阅读的门槛[①]。

所以，社区与乡村阅读推广活动要秉承"保证每个公民获取知识与信息的权利"的指导思想，针对社区与乡村中因为缺乏阅读意愿而不愿意使用图书馆资源和服务进行阅读的人群，以及因为文化程度较低，图书馆利用技能或信息技能不足，或受到经济社会环境限制而不善于利用图书馆资源与服务进行阅读的人群开展相关的阅读推广活动。

二、全民阅读政策

从2012年中共十八大提出"开展全民阅读活动"，2014年《政府工作报告》提出"倡导全民阅读"，到《全民阅读促进条例（征求意见稿）》《全民阅读"十三五"时期发展规划》的政策文件的出台，推动全民阅读已经成为我国的国家战略。

推动全民阅读，既是政府的责任，也是社会各界都在广泛参与的活动，但是我们依然强调，图书馆尤其是公共图书馆是推动全民阅读的主体。公共图书馆要在全民阅读中承担起独有的社会责任，完成他人不可替代的历史使命[②]。首先，公共图书馆是社会发展到一定阶段的产物，是社会民主、公民权利、社会平等和信息公平等现代人文意识成熟的结果。我们办图书馆，不仅仅是办一个机构，而且是在尽一种社会责任，完成一个历史使命，图书馆存在的意义超过了图书馆机构本身。因为图书馆的存在，使每一位社会成员具备了自由、平等、免费地获取和利用知识信息的权利，代表了知识信息的公平分配，从而维护了社会的民主和公正，向全社会宣示了现代民主、公民权利和人人平等等重要的价值观念。这也正是全民阅读的核心目标，与图书馆的核心价值观是一致的。而社区与乡村图书馆是我国公共图书馆体系中分布广、数量多的基层单位，是基层公共文化服务体系

---

① 范并思. 阅读推广与图书馆学：基础理论问题分析［J］. 中国图书馆学报，2014，40（5）：4–13.
② 吴晞. 无愧于全民阅读的时代［J］. 图书馆，2015（6）：7–8+47.

的重要组成部分，是实现文化建设面向基层的关键环节。

其次，我们可以从阅读本身来看图书馆的作用。阅读虽然多种多样，但我们还是提倡深入的、学习型的阅读，通过阅读全面、系统地掌握知识。知识就是力量，穷则丰富人生，达则改造社会。即使是大众型、消遣性的阅读，也要提倡多读书、会读书和读好书，通过有计划、系统性地读书，创建健康有益的文化生活。要进行深入系统的阅读，完整、全面地掌握知识，图书馆是最好的场所，甚至是唯一的场所。因为只有图书馆，才具有完备的文献资源保障体系，才能为读者提供全面、系统的文献服务；也只有在图书馆，读者才能领略到完整的科学知识体系和丰富的人类文化遗产，才能站在"巨人的肩膀"上来看世界。所谓"巨人的肩膀"，实际上就是前人的成果，就是文献，就是图书馆。目前还没有任何社会机构在阅读这一功能上可以取代图书馆。

而在一定地域范围内，具有资源、技术及管理优势，在社区图书馆管理与服务过程中起核心骨干作用的图书馆[①]，突出了社区与乡镇图书馆在地区范围内的中心馆地位。同时，依托于各级公共图书馆，针对社区与乡村居民开展的阅读推广活动，可以有效地为当地社区与乡村居民制定个性化的阅读活动，进一步推动全民阅读政策的实施。

三、《中华人民共和国公共文化服务保障法》

2015 年 1 月，中共中央办公厅、国务院办公厅印发了《关于加快构建现代公共文化服务体系的意见》，其中规定："建立公共文化服务城乡联动机制。以县级文化馆、图书馆为中心推进总分馆制建设，加强对农家书屋的统筹管理，实现农村、城市社区公共文化服务资源整合和互联互通"[②]。2016 年 12 月 25 日，第十二届全国人民代表大会常务委员会第二十五次会议通过了《中华人民共和国公共文化服务保障法》（以下简称《保障法》），并于 2017 年 3 月 1 日起施行。它

---

① 中华人民共和国文化部．公共图书馆服务规范（国家标准 GB/T28220–2011）［EB/OL］．［2017–07–31］．http：//www.mcprc.gov.cn/whzx/bnsjdt/ ggwhs/201407/t20140704_434289.html.

② 中国记协网．《关于加快构建现代公共文化服务体系的意见》（全文）［EB/OL］．［2017–07–29］．http：//news.xinhuanet.com/zgjx/2015–01/15/ c_133920319.htm.

是我国第一部有关公共文化服务和公共图书馆的国家法律[①]。其中，基层公共文化服务受到了该法律的重视，相关条款多次提到建设"基层综合性文化服务中心"，以及对乡镇地区公共文化服务的重点帮扶，为社区图书馆建设提供借鉴。

《保障法》还对具体的要求进行了规定，包括三个方面：其一，促进城乡公共文化服务均等化。国家应该重点增加农村地区的公共文化产品供给，并且要符合农村特点和需求，提高针对性和时效性（第 35 条）。其二，提供便利可及的服务。地方各级人民政府应当在人员流动量较大的公共场所、务工人员较为集中的区域，以及留守妇女儿童较为集中的农村地区，配备设施、提供服务（第 36 条）。其三，鼓励居委会、村委会主动参与。居民委员会、村民委员会应当根据居民的需求开展群众性文化体育活动，并协助当地人民政府有关部门开展公共文化服务相关工作（第 37 条）。

由此可见，社区及乡村图书馆的建设受到了极大重视。除此之外，社区与乡村的公共文化服务内容也进入了公众的视野。《保障法》尤其强调了"促进城乡公共文化服务均等化"，而社区与乡村的阅读推广活动正是满足这个需要的有效方式。从《保障法》出发，社区与乡村阅读推广活动应该朝着积极推动城乡公共文化服务均等化的目标不断推进。

四、《社区图书馆服务规范》

自 2012 年 5 月起实行的《公共图书馆服务规范》，以及 2013 年 1 月发布的《全国公共图书馆事业发展"十二五"规划》，前者在"流动服务"一条中，规定"公共图书馆应通过流动站、流动车等形式，将文献外借服务和其他图书馆服务向社区、村镇等延伸，定期开展巡回流动服务"[②]；后者提出"设施网络覆盖城乡，加强基层图书馆设施建设，力争形成覆盖城乡、结构合理、功能完备的设施网络"[③]等基层服务的措施和理念[③]，而《社区图书馆服务规范》则集中体现了社区图书

[①] 程焕文. 论《公共文化服务保障法》立法精神——国家和政府的公共文化服务责任解析［J］. 图书馆论坛，2017（6）：1–9.

[②] 中华人民共和国文化部. 公共图书馆服务规范（国家标准 GB/T28220–2011）［EB/OL］.［2017–07–31］. http://www.mcprc.gov.cn/whzx/bnsjdt/ ggwhs/201407/t20140704_434289.html.

[③] 国家图书馆研究院. 我国图书馆事业发展政策文件选编（1949–2012）［G］. 北京：国家图书馆出版社，2014.

馆服务须免费、公开和平等的思想。社区图书馆是公共图书馆体系的重要环节,免费、平等、公开的特性本就应该"与生俱来",以保障社区居民的基本文化权益①。

　　尽管公共图书馆的建设和发展是政府的主要责任,但是以政府为主的单一财政供给体系,难以满足公共图书馆建设发展的需求。因此要鼓励社会力量参与,由社会组织和个人力量兴办公益图书馆、参与志愿者队伍,作为政府主导的公共图书馆建设的有益补充。我国已经有众多公益组织参与到公共图书馆的建设中,并且尤为关注乡镇、社区图书馆。例如,公益组织满天星青少年公益发展中心就设有与乡村社区或流动人口社区组织合作的社区图书馆,2014 年 4 月,该组织在广州市海珠区龙潭村建成了第一所社区图书馆——兴仁馆,并直接运营。此外,社区图书馆还须"积极导入志愿者服务机制",吸引社区居民参与图书馆服务。如香港的志愿者服务机制就已经非常成熟,"社区图书馆不设专门管理岗位,依靠居民自我服务、自我管理",让居民同时兼具读者和馆员的双重角色②。

　　社区与乡村阅读推广的开展,将社区图书馆中的各类资源进行更加有效的利用,并针对当地的社区及乡镇居民开展更加有针对性的阅读服务。社区图书馆作为公共图书馆体系最为深入当地群众的服务前线,在开展阅读推广活动时,具有得天独厚的优势。因为贴近群众生活,了解当地的风俗民情,在进行社区图书阅读推广活动的过程中,可以融入更多具体的当地文化风俗的元素,使之更加吸引当地居民。

第三节　社区与乡村阅读推广的社会必要性

一、全民阅读是我国重要的文化发展战略

　　在我国,早在 1982 年,上海"振兴中华"读书活动就拉开了全民阅读的序幕。1997 年,中宣部等号召"倡导全民读书,建设阅读社会";2000 年,"全国知识

---

① 文琴. 公共文化服务体系下的社区图书馆政策研究［J］. 图书馆杂志,2017,36（12）:85-90.
② 武俊萍. 中国香港公共图书馆志愿服务发展状况［M］// 张永新,良警宇. 中国文化志愿发展服务报告（2016）. 北京:中国科学文献出版社,2016:278.

工程领导小组"将每年的 12 月定为"全民读书月"①。

2006 年 4 月，中宣部、中央文明办、新闻出版总署等部门联合发布开展全民阅读活动的倡议书，随后，全民阅读活动在全国迅速开展起来，并取得了累累硕果。倡议书的发布成为全民阅读推行的一座里程碑。2009 年，时任国务院总理温家宝两次谈到"全民阅读"，要求推进书香社会建设；2012 年，时任国家主席胡锦涛将"全民阅读"提进十八大报告；2013 年，全民阅读立法列入国家立法计划；2014 年，李克强总理在《政府工作报告》中倡导全民阅读，党的十八大报告、国务院《政府工作报告》都首次将全民阅读纳入国家文化发展战略。可见，全民阅读已逐步上升为国家的文化发展战略，成为各级政府和职能部门的重要工作。2016 年 12 月，我国首个全民阅读规划——《全民阅读"十三五"时期发展规划》发布，首次明确全民阅读工作的指导思想、基本原则和主要目标。从 2006 年开始至 2018 年，全民阅读活动已经走过了 12 年的历程。这期间文化立法工作稳步推进，"书香中国"系列活动每年吸引 8 亿多人次参与。全民阅读对于大力弘扬中华优秀传统文化和社会主义核心价值观，实现中华民族伟大复兴提供文化支撑的重要作用更加凸显。

全民阅读具有典型的公益性。《全民阅读"十三五"时期发展规划》提出：必须加快推进全民阅读推广服务体系城乡一体化建设，坚持公益性、基本性、均等性和便利性相统一，面向基层、面向群众，保障全民平等享有基本阅读权益②。这就要求必须把社区与乡村阅读推广工作摆在重要的位置，切实推进社区与乡村居民的阅读事业。

二、全民阅读是文化法治的重要内容

2013 年 3 月，全民阅读立法工作正式启动，当年及 2014 年分别被列入国务院法制办立法规划项目，并被中宣部列入我国文化立法的五年规划③。2017 年 3 月 1 日起正式施行的《中华人民共和国公共文化服务保障法》，将全民阅读写入

① 郑敏. 大数据时代乡村阅读推广策略探讨［J］. 科技情报开发与经济，2015（17）：154–157.
②《全民阅读"十三五"时期发展规划》发布［EB/OL］.［2017–12–09］.http://www.xinhuanet.com/politics/2016–12/27/c_129421928.htm.
③ 陈丽芳，张文彦. 我国全民阅读现状研究综述［J］. 中国民族博览，2017（11）：247–248.

其中。作为一部公共文化领域的基础性法律，该法律从国家的角度赋予全民阅读以国家法律的地位，也为国务院立法提供了法律依据。2017 年 3 月 31 日，国务院法制办公室向社会发布了《关于〈全民阅读促进条例（征求意见稿）〉公开征求意见的通知》，目的是进一步增强立法的公开性和透明度，提高立法质量，这意味着全民阅读立法正在"换挡提速"。文化立法的进程直接推动了全民阅读的发展。2018 年 1 月 1 日起施行的《中华人民共和国公共图书馆法》要求公共图书馆把全民阅读作为重要功能，意味着图书馆要从藏书、管书为主，转向提供阅读服务为主[①]。

在地方上，关于全民阅读立法的实践也已取得了一定的进展。例如，2014 年江苏省出台《江苏省人民代表大会常务委员会关于促进全民阅读的决定》；2014 年湖北省出台《湖北省全民阅读促进办法》；2015 年辽宁省出台《辽宁省人民代表大会常务委员会关于促进全民阅读的决定》；2015 年深圳市出台《深圳经济特区全民阅读促进条例》；2016 年四川省出台《四川省人民代表大会常务委员会关于促进全民阅读的决定》等。地方立法的成果为国家层面全民阅读相关法律的制定打下了良好基础。

文化立法让全民阅读有了"主心骨"，文化立法的进程直接推动了全民阅读事业的发展。在越来越多的政策和法律支持下，全民阅读工作将会有更大的突破和创新。

三、社区与乡村阅读推广是图书馆事业发展的重要方向

当下，国内外都已经将阅读推广活动视作公共图书馆的重要工作内容。《公共图书馆宣言》将开展阅读活动列为图书馆的重要使命，是"公共图书馆服务的核心"之一。国际图书馆协会联合会（International Federation of Library Associations and Institutions，IFLA，以下简称国际图联）等国际组织的相关宣言、文件，如《突尼斯宣言》（*Tunis Declaration*），都把阅读放到重要和突出的位置。

在我国，2005 年，"倡导全民阅读"写进《中国图书馆学会章程》；2006 年，

---

① 全民阅读 12 年历程 书香中国更可期［EB/OL］.［2018–05–13］.http：//www.ndcnc.gov.cn/fagui/anli/201804/t20180424_1381879.htm.

中国图书馆学会阅读推广委员会成立，下设阅读文化研究、阅读推广理论研究、残疾人阅读等 21 个专业委员会。其中社区与乡村阅读推广专业委员会承担着理论研究与实践推动的双重任务，在阅读推广委员会的指导和工作部署下，以全力推动基层民众阅读为己任，致力于有目标、有计划、有步骤、多方面、连续性地开展社区与乡村图书馆的建设研究及社区乡村阅读活动的广泛实践，培养阅读习惯，创造阅读条件，营造阅读氛围，开展阅读活动，推动书香社会、和谐社会的建设。

对于社区与乡村阅读推广来说，公共图书馆是绝对主力。目前还没有任何社会机构在阅读这一功能上可以取代公共图书馆。因此，公共图书馆应在基层阅读推广事业中发挥主力军作用。

四、社区与乡村阅读是全民阅读的重要组成部分

基层图书馆是图书馆事业的基石，也是构建公共图书馆服务网络不可或缺的部分。阅读的生命在基层，效果体现在基层。公共图书馆的服务对象是社会大众，大力开展形式多样的阅读推广，特别是面向基层的阅读推广，能够让社会民众享受到均等化、专业化的公共服务。只有深入地从基层出发开展全民阅读，才能让广大人民群众真正爱上阅读，享受文化发展成果。对于全民阅读来说，需要全力推动基层民众阅读，努力践行面向基层的阅读推广工作，积极培养基层民众的阅读习惯，进一步营造全民阅读氛围。

乡村阅读推广更是将全民阅读落实到个人与家庭的不可忽视的组成部分。截至 2016 年，我国乡村总人口为 5.897 亿万人，占总人口比重 42.65%。对于占到国内总人口近半数的群体，全民阅读工作不应忽视他们的需求。第十五次全国国民阅读调查结果显示，我国成年国民对当地举办全民阅读活动的呼声较高，2017年有 65.2% 的成年农村居民认为有关部门应当举办读书活动或读书节 [①]。从调查报告中我们可以看出，农村居民对于阅读有着强烈的需求。尤其是在国家精准扶贫和乡村振兴的大背景下，乡村阅读推广具有更重要的意义。

---

① 第十五次全国国民阅读调查成果发布［EB/OL］.［2018-04-25］.http：//www.sxcq.cn/html/2018/qwfb_0418/48733.html.

第四节　社区与乡村阅读推广的任务

一、社区与乡村阅读推广的整体任务

对于开展社区与乡村阅读推广来说，主要任务可以分为以下四点：第一，吸引注意，激发大众阅读兴趣；第二，培养公众阅读能力，倡导深阅读；第三，优化阅读内容，提供高质量读物；第四，建立健全基础设置，创造阅读条件。

（一）吸引注意，激发大众阅读兴趣

AIDA 模型认为，一个成功的推销员必须把顾客的注意力吸引或转移到产品上，使顾客对推销人员所推销的产品产生兴趣，这样顾客的购买欲望才能随之产生，尔后再促使其采取购买行为，达成交易。AIDA 是四个英文单词的首字母。A 为 Attention，即引起注意；I 为 Interest，即诱发兴趣；D 为 Desire，即刺激欲望；最后一个字母 A 为 Action，即促成购买[1]。这个模型同样可以套用在社区与乡村阅读推广中。

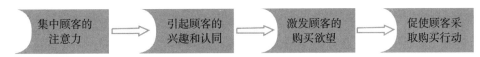

图 1-1　AIDA 推销模型图

在社区与乡村阅读推广过程中，想让公众真正开始阅读，就需要吸引公众注意阅读，进而激发大众阅读兴趣，这就要求了解大众的阅读需求。近年来，随着全民阅读的深入推进，《全民阅读调查报告》《全民阅读兴趣报告》等调查数据不断涌现。国内多个省、市也相继公布了本地区的全民阅读状况。对于公众阅读兴趣的关注反映了在阅读推广不断推进的过程中以公众体验为中心的理念。

社区与乡村阅读推广区别于针对特定群体的阅读推广活动，其面向对象在年龄、职业、收入等方面呈现显著差异，因此阅读需求更加多样化，往往难以从整体出发概括其需求。这意味着在阅读推广过程中要深入分析其需求，及至实现精准阅读推广与个性化阅读推广。在充分了解社区与乡村阅读需求的基础上，通过各种方式倡导全民阅读，激发社会公众的阅读热情，促使公众接受阅读、重视阅

---

① AIDA［EB/OL］.［2018—06—04］. https://en.wikipedia.org/wiki/AIDA_（marketing）.

读，并产生兴趣和共鸣。培养公众的阅读习惯，从而促进阅读氛围的形成和良好阅读习惯的养成，营造全社会"勤读书、多读书、读好书"的浓厚氛围。

（二）倡导深度阅读

不可否认，经过多年的努力，我国的全民阅读事业已经取得了一定的成绩。继续巩固扩大这些成果，让更多的公众参与到阅读中来，享受阅读的乐趣，社区与乡村阅读推广的重要意义之一即在于此。基层阅读推广面对着极广的受众群体，是全民阅读推广中绝对不能忽视的重要环节。因此，我们需要思考如何能够让阅读推广工作进一步深入基层。碎片化阅读倾向的日益凸显使浅阅读成为了很多公众的阅读方式。社区与乡村阅读推广工作需要摆脱流于表面的情况，让阅读真正发挥作用，取得更好的效果，甚至促使阅读成为推动社会文化经济向前发展的力量。

要让阅读成为公众长期的习惯，在阅读中产生思考创新，从浅阅读迈向深阅读是社区与乡村阅读推广的重要任务之一。这其中的关键是提升公众的阅读能力。阅读，是一种大教育。阅读能力，其实就是教育所需要培养的学习能力。我国全民阅读著名的倡导者、领读人聂震宁提出了"阅读力"这一概念。日本作家斋藤孝所著《读书力》一书，指出超脱于兴趣与爱好之外，阅读还应该是一种能力。

在一系列的阅读推广活动中，通过专业引领、广泛推广有利于培育社区与乡村居民阅读能力的各类阅读活动，让阅读推广的功能从书籍推荐、阅读组织等扩展到阅读能力教育和阅读素养培育，推动阅读涵养与能力素质的培育提升。有了阅读能力的提升作为基础，图书推荐与经典导读等活动才能更好地发挥作用和价值，让每一位读者能够透过文字实现精神与灵魂的成长。除了功利性阅读、浅阅读，阅读还应该在培育民族精神、涵泳人文情怀、奠定文化根基、丰富人文素养上发挥作用。因此，阅读推广需要推行有质量、有分量的阅读。只有公众阅读能力得到提升，才能最终导向持久的全民阅读氛围，进而促使阅读迸发力量。

（三）提供优质读物

《全民阅读"十三五"时期发展规划》将加强优质阅读内容供给列为"十三五"

时期全民阅读工作的重点任务之一，要求开展重点出版物出版工程和优秀出版物推荐工程。社区与乡村阅读推广具有基础性，因此就更加需要重视读物的质量与水准。北京十月文艺出版社总编辑韩敬群认为，好书的生命力非常持久，比如路遥的《平凡的世界》每年发行量近百万套，霍达的《穆斯林的葬礼》每年的发行量近 40 万册。十月文艺出版社一年出版新书不过五六十种，却可以在市场竞争力方面稳居全国前列，由此也可证明精品出版的重要意义①。

　　对于什么是优质读物，并没有可依据的通行标准。我们认为优质读物至少应该具备以下四个特征：首先，该读物必须是正版读物，来自正规渠道。这是基本前提。其次，读物应该有用，不论读者是为了休闲娱乐还是专业学习，抑或是其他的正当目的，读物都应该能够满足读者的需求。再次，内部结构和逻辑关系真正合理地表现出它所承载的知识和思想，能够让读者在智慧、精神境界与伦理道德等方面有所收获。最后，重视细节。对于出版物来说，书稿文字的润色修饰、客观事实的校对、历史事件的订正、译文的核查修改等，是一本书的质量底线，非常重要。

　　互联网＋时代，信息技术已经广泛应用于各个领域。随着数字阅读的兴盛，在提供优质内容方面，数字出版物的质量也需重视。国内的社区与乡村数量庞大，想要完全实现公共阅读空间的普及基本是不可能的，但是数字阅读却可以走进千家万户。虽然国内对于数字出版的行业规范和相关标准尚未健全，但是这并不意味着数字读物在社区与乡村阅读推广中可以"蒙混过关"。2016 年，全民阅读十项工作明确提出提升数字化阅读质量和水平。数字阅读读物更要坚持正版内容，坚持弘扬和传播我国优秀的传统文化，坚持关注青少年的成长，积极践行推广全民阅读的社会责任。

（四）建立健全基础设施

　　社区与乡村阅读推广考虑的是"百姓的事"。因此，社区与乡村阅读推广需关注百姓的切身利益，从百姓的便利性、舒适性出发，探讨更多让百姓体会到切实好处的做法。让社区和乡村的居民真正拥有适宜的阅读空间，拥有高质量的阅

---

① 全民阅读 12 年历程 书香中国更可期［EB/OL］.［2018–04–21］.http：//www.ndcnc.gov.cn/fagui/
　anli/201804/t2018 0424_1381879.htm.

读体验和参与阅读活动的机会是非常重要的。

近几年社会上各种类型的新型创意阅读空间层出不穷，很多公共图书馆也越来越追求读者的空间体验和舒适度。良好的阅读氛围、文艺优雅的空间设计、便利的设施都成为这些读书场所的卖点和亮点。然而，现在的社会现实是，在公共图书馆和书店享受阅读乐趣成为一种"奢侈"的生活。部分读者为了去书店看书或参与读书活动往往要在路上花费几个小时的时间。对于乡村的居民来说，这更是非常困难甚至是不可能实现的事情。社区和乡村书店、社区图书馆、农家书屋等的匮乏是社区与乡村阅读推广中亟待解决的问题。

可喜的是，公共图书馆界一直在提倡"5分钟文化圈""10分钟文化圈""5公里文化圈"等概念，相关实践也在努力推进。24小时图书馆、城市书房的创新创意实践也逐渐出现在更多的城市。例如，北京市从2014年开始大力扶持"公共阅读空间"。西城区的金中都公园——一个环境优美的市民公园，吸引了第二书房社区图书馆落地其中。这家图书馆精选优质藏书，开设高品质讲座，日常客流量达到五六百人。这个公共空间还吸收周边社区的老人参与义工，为社区服务①。在未来，如果能够进一步加强基层公共阅读空间的建设，让社区和乡村的居民都能在其生活半径内找到合适的公共图书馆，那么对于社区与乡村阅读的普及将大有裨益。

二、社区与乡村阅读推广任务的不同特点

虽然社区与乡村都被认定为基层阅读推广的重要单位，但是从经济发展状况、教育水平、文化氛围等多方面看，二者存在着比较显著的差异。以浙江省人民物质文化生活统计数据为例，可以看到，浙江省城乡居民在可支配收入、生活消费支出和具体消费项目的差距都比较大，见表1-1。从人均生活消费支出情况看，城乡居民在消费项目与具体数额上的侧重点和数额不一致。尤其是在文化娱乐支出方面，2016年，城镇在此方面的支出是农村的四倍，见表1-2。

---

① 全民阅读实现并不容易 看中国民间如何落实全民阅读［EB/OL］.［2018–06–05］.http：//hlj.ifeng.com/culture/art/detail_2015_03/16/3661076_0.shtml.

表 1-1　浙江省人民物质文化生活统计数据

项目	2009	2010	2011	2012	2013	2014	2015	2016
城乡居民收入与支出（元）								
农村居民人均可支配收入（元）	10007	11303	13071	14552	17494	19373	21125	22866
农村居民人均消费支出（元）	7375	8390	9644	10208	12803	14498	16108	17359
城镇居民人均可支配收入（元）	24611	27359	30971	34550	37080	40393	43714	47237
城镇居民人均消费支出（元）	16683	17858	20437	21545	25254	27242	28661	30068
居民消费水平（元）	15867	18274	21346	22845	24771	26885	28712	30743
农村居民（元）	8571	10273	12371	13724	15458	17281	19953	22028
城镇居民（元）	21204	23655	26856	28259	30101	32186	33359	35152
储蓄（元）								
城乡居民储蓄存款年末余额（亿元）	17833	20612	23470	26407	28923	30666	34219	38077
文化、教育及卫生								
农村每百户拥有彩色电视机（台）	157	161	168	172	151	157	161	170
城镇每百户拥有彩色电视机（台）	182	186	185	187	165	173	174	174
农村每百户拥有家用电脑（台）	28.64	35.64	43.28	47.77	35.65	39.68	45.47	49.31
城镇每百户拥有家用电脑（台）	84.41	89.84	103.57	106.38	89.56	96.01	95.68	93.01
就业								
城镇登记失业率（%）	3.26	3.20	3.12	3.01	3.01	2.96	2.93	2.87
农村居民家庭每一劳动力负担人数（人）	1.36	1.35	1.37	1.37	1.54	1.56	1.58	1.57
城镇每一就业者负担人数（人）	1.96	1.95	1.95	1.94	1.72	1.74	1.77	1.79

来源：《浙江省统计年鉴 2017》

表 1-2　城乡居民人均生活消费支出情况 (2014-2016 年)

单位：元

项目	全体居民			城镇常住居民			农村常住居民		
	2014	2015	2016	2014	2015	2016	2014	2015	2016
居民生活消费支出	22552	24117	25527	27242	28661	30068	14498	16108	17359
通过互联网购买的商品和服务	259	401	467	372	572	644	64	100	148
食品烟酒	6569	6976	7414	7705	8092	8467	4618	5008	5520
衣着	1587	1647	1564	1998	2041	1904	882	951	953
居住	5577	5964	6133	6902	7231	7385	3302	3732	3882
生活用品及服务	1118	1159	1224	1334	1360	1421	747	805	870

续表

项目	全体居民			城镇常住居民			农村常住居民		
	2014	2015	2016	2014	2015	2016	2014	2015	2016
交通通信	3671	3961	4377	4494	4753	5101	2257	2566	3076
教育文化娱乐	2169	2428	2794	2643	2963	3452	1355	1486	1611
其他用品及服务	503	548	513	640	682	645	268	313	274
其他用品	288	319	283	350	383	350	182	206	161
其他服务	215	229	230	290	299	295	86	107	113

来源：《浙江省统计年鉴2017》

因此，对于社区与乡村来说，开展阅读推广的任务有共同之处，但也不完全一致。在明确了社区与乡村阅读推广任务的基础上，应对社区和乡村阅读推广的具体实践任务作进一步的讨论，以更好地分析社区与乡村的不同特点，指导阅读推广工作的开展。

总结

从整体来看，一方面，当前乡村居民的文化素质相较社区居民偏低，阅读意识不强。接受学历教育的程度不高也导致这些居民对阅读的重视程度远远不够。甚至在一些乡村，向老年人开展阅读推广是不可能的，因为有一部分老年人甚至缺乏最基本的识字技能。针对乡村阅读推广，其推广方式应该是灵活多样的，而且还需要足够"接地气"。从阅读书目的推荐来看，篇幅短小、文字浅白易懂、题材通俗的作品往往更受农村居民的欢迎。有学者认为，可以将阅读与当地民俗广泛融合，与乡村节庆文化结合起来 [1]。另一方面，乡村基础设施的不健全问题远严重于社区，因此，在乡村阅读推广过程中，为乡村居民提供公共阅读空间也是重中之重。

对于社区阅读推广来说，一方面，其对象更具针对性。由于学龄前幼儿和老年人有更多时间生活在社区里，因此社区阅读推广可以向这两类人群倾斜，让其能够更便捷地参与进来。另一方面，社区处于城市之中，有大量可以依托的资源

---

[1] 郑敏. 大数据时代乡村阅读推广策略探讨［J］. 科技情报开发与经济，2015（17）：154–157.

来支持社区阅读推广活动。城市书店、出版社、高校、公共图书馆等，这些对于乡村居民而言难以接触到的机构都可以成为社区阅读推广的合作对象。社区阅读推广要充分利用城市资源，弥补社区阅读推广中资源和资金上的不足，从而更好地促进发展。

第二讲

社区与乡村阅读推广的沿革与现状

推动全民阅读，建立书香社会，正成为我国公共文化服务体系建设的重要内容。社区与乡村是文化建设的主要阵地，也是我国阅读推广的终端。在社区与乡村进行阅读推广，深入读者，贴近民众，直接体现了阅读推广组织和个人的社会价值。做好社区与乡村的阅读推广工作是推广、普及、保障全民阅读的关键一环。虽然这项工作目前已经取得了多方面的进展，但客观上还存在着不少问题。并且从总体上看我国公共文化服务水平还无法完全满足人民群众的需求。2018年4月18日，《第十五次全国国民阅读调查成果》发布，为了综合反映我国国民阅读的总体情况及其变化趋势，该调查推出了"个人阅读状况"和"公共阅读设施与服务"两大指标体系。其中，"个人阅读状况"包括国民个人图书阅读量与拥有量、各类出版物的阅读率以及个人阅读认知与评价三个方面，综合反映了国民阅读水平；"公共阅读设施与服务"包括国民对公共阅读设施、全民阅读活动等的认知度、使用情况及满意度评价三个方面，综合反映出全民阅读公共设施建设与公共服务水平。通过25项指标测算，2017年我国阅读指数为68.14，其中个人阅读指数为71.65，而公共阅读服务指数为64.90。[1]可见相对于我国公民个体的阅读水平而言，公共阅读服务水平还稍显滞后，急需改善。只有相对先进的公共文化服务体系，才能健康、持续地引导全社会阅读走上正轨。

---

[1] 国家图书馆研究院.第十五次全国国民阅读调查成果发布［J］.国家图书馆学刊，2018（3）.

第一节 历史沿革

社区与乡村阅读推广最早可追溯到 1852 年现代公共图书馆诞生。发展初期，阅读推广主要以流动图书馆或轮阅书库的形式存在，解决了偏远地区的读者在时间和空间上的阅读限制。19 世纪中叶，英国费林顿出现马车图书馆；1905 年，美国俄亥俄州和马里兰州出现了第一批有组织的流动大巴图书馆。1914 年，丹麦西兰岛的霍尔贝克出现了可以直接借书的流动图书馆，这个图书馆直到 1940 年德军占领丹麦被关闭 [1]。20 世纪 20 年代，苏联拥有乡村流动图书馆 4343 个，满足了乡村读者的阅读需求 [2]。20 世纪初，西方这种流动图书馆的阅读推广形式很快被引入我国，并成为民国时期中国社区和乡村图书馆的重要服务方式。

辛亥革命后，民国政府十分重视图书馆的社会教育职能，在教育部附设社会教育司，主管图书馆、通俗图书馆及巡回文库等事宜。据《教育公报》记载："巡回文库为通俗教育之一种，其办法较之通俗图书馆稍繁，须由各县设通俗文库总部一所。采集人民必需而易晓之各种图书（图如最简易之世界图、本国图及本省、本县等图；书如各种有益小说及新闻杂志、自治法令等项），输送城镇各支部，再由支部转送各村落阅览所，限定日期阅毕，由处送回总部收存。"1916 年，巡回文库活动在全国广泛开展起来，游走于城镇和乡村之间，为乡村民众阅读书报提供方便。巡回文库开展活动的地点也很多样化，如城市的工厂、商业区、公园、医院以及广大的农村地区等。1916 年 9 月《教育公报》第三年第十期调查统计显示，全国由政府支持兴办的巡回文库有 30 多所，其中奉天有 17 所，每所约有354 种图书，每星期由总部分送各处一次，每日平均阅览人数多达 7400 人 [3]。20世纪二三十年代，现代著名教育家宴阳初先生在河北定县推行平民教育时，就以巡回文库为当地村民提供图书借阅服务，后因战火摧残而未能持续开展。1934 年，陶行知先生在上海创办了萧场儿童流通图书馆，该馆除了为读者提供馆内文献服务外，每天下午 4 时学生放学后，由馆主任、干事、小先生、顾问等挑着书担送

---

① 丘东江，等.国际图联（IFLA）与中国图书馆事业（上册）[M].北京：华艺出版社，2002：422.

② 黄俊贵，邓以宁.社会阅读与图书馆服务 [M].合肥：安徽大学出版社，2010：221.

③ 辽宁省档案局（馆）.风物辽宁叁 [M].沈阳：辽宁人民出版社，2014：229.

往各村，选择一个合适的地点公开阅览和借书，每周至少去各村一次。抗日战争爆发前夕，在轰轰烈烈的乡村建设运动中，为了进行农村文字教育工作，培养民众读书的热情和兴趣，各实验区以图书馆和巡回文库为场地，组织儿童、青年和成人读书会，定期召集成员讨论读书心得。如江苏北夏实验区的蠡降设立了一个民众图书馆，藏书 3150 册，在隔墙村、王岸圩、查家桥、南钱等 10 个村庄设立巡回文库，向青年学员、成人班级的师生以及附近的农民开放，经常举办时事演讲会、唱歌会以及故事会^①。这些阅读推广活动丰富了读者的日常生活，开阔了民众视野，对民众的身心陶冶起了积极作用。

巡回文库服务具有经济性、灵活性和便捷性等特点，方便了读者借阅文献，产生了良好的社会效益，不但许多公共图书馆附设了巡回文库，众多高校图书馆、中小学图书馆、民众教育馆图书馆、单位图书馆、私人图书馆等也设立了巡回文库。这些巡回文库在为读者提供文献借阅服务的同时，还积极开展推广宣传活动，加强阅读辅导工作，使社会公众充分了解图书馆，并学会利用图书馆。同时，在文献提供服务中主动引导和培养社会大众的阅读兴趣，指导读者阅读。《江西各省市立之通俗图书馆附设巡回文库规程》中规定："巡回时配备手提风琴、留声机及活动影片等，藉以号召群众，引起其阅读之动机。"^②

抗战爆发后，大多数乡村图书馆和巡回文库遭到极大的毁灭性的破坏。1937年 11 月，被誉为"民国乡村图书馆的翘楚""第一个正规的乡村图书馆"的大公图书馆随着无锡的沦陷，有价值的图书被日寇洗劫一空，侥幸剩下的散落满地。直到中华人民共和国成立，大公图书馆都未能恢复到抗战前的规模和水平。中国创办最早的乡村图书馆之一的和顺图书馆被国民党二十集团军霍揆彰做过指挥所。沦陷区的巡回文库也被日寇占领，日寇将之作为奴化教育的工具而遭到中国人民的抵制和反对。国统区的巡回文库也日渐萎缩，图书种类减少，活动区域缩小，但是不少省市公共图书馆还是克服困难，冒着被日机轰炸的危险，在城市街区和农村坚持巡回文库服务，提供图书借阅服务，开展抗战宣传工作。如江西省立图书馆除了泰和、永新、遂川、兴国四个阅览所的书报按期巡回阅览外，各阅

---

① 朱考金.民国时期江苏乡村建设运动研究 [M].北京：中国三峡出版社，2009：141–142.
② 江西各省市立之通俗图书馆附设巡回文库规程 [J].江西教育公报，1928（16）：25–27.

览所还尽力广设阅览文库及流通处。此外，在江西泰和县组织读书会，三个月为一期，共办了三期，每期学员达六十余人，每两周开一次会，内容分时事、社会科学、文学语文等①。

抗战胜利后，随着全国各地图书馆事业的恢复，乡村图书馆和巡回文库渐渐得到缓慢发展，但没有恢复到抗战前的水平。

1949 年 10 月 1 日，中华人民共和国成立。全国公共图书馆事业的发展进入一个崭新的时期，社区与乡村阅读推广注入一股新的活力。1951 年，文化部提出发展农村图书馆网的任务，伴随着农业合作化运动和农村扫盲工作的开展，农村图书馆（室）应运而生。1956 年，党中央在《全国农业发展纲要》中要求："从 1956 年起，各地要以 7 至 12 年的时间普及包括农村图书馆在内的农村文化网。"截至 1957 年底，全国已建成 18.2 万个农村图书馆（室）②。这样一来，乡村的阅读推广有了基本的硬件设施保障和活动阵地。

1958 年"大跃进"时期，以高指标、浮夸风为主要特征的"左"的思想泛滥，提出"苦战奋斗 30 天，社社队队都有书报看"的口号，大办农村图书馆（室），农村图书馆（室）猛增至 47 万多个。由于一哄而上，没有必要的基础和条件，1959 年便下降为 28 万多个。1961 年，农村文化工作贯彻党的"调整、巩固、充实、提高"八字方针，在总结过去经验教训的基础上，部分农村图书馆（室）焕发活力，逐渐走上稳步发展的道路。1966 以后，农村图书馆（室）的建设和发展基本处于停滞状态。

1978 年，党的十一届三中全会召开，实现了新中国成立后我们党和国家历史性的转折，开创了社会主义现代化事业的新时期。随着农村改革迅速推进，乡镇企业异军突起，农民的温饱问题基本得到解决，并开始迈向小康，精神文明建设成为社会主义现代化的重要任务。作为我国基层图书馆的乡镇图书馆（室）正是在这样的背景下蓬勃兴起，推动了乡镇图书馆事业在更大规模上和更高层次上的发展。1981 年，国务院转发《关于全国少年儿童图书馆工作座谈会的情况报告》指出："我国 80% 以上的少年儿童在农村，县图书馆和文化馆（站、室）以

---

① 江西省文化厅革命文化史料征集工作委员会. 江西抗战文化史料汇编［M］. 内部资料，1997：364.
② 廖腾芳. 中国乡村社区图书馆的现状及发展模式研究［M］. 长沙：湖南大学出版社，2006：12（36）.

及基层文化中心，要积极帮助农村社队和学校开展图书借阅活动，尽可能地组织图书下乡。"全国各级公共图书馆进社区、进乡村，除做好必读、选读书目的推荐以外，还采用各种形式对小读者进行读书辅导，使图书馆成为培养"四有"新人的重要阵地。1985 年，上海南汇县三墩乡成立儿童图书馆，坚持每周开放44~57 小时，实行全开架服务，连续被评为上海市和全国"红领巾读书"活动先进单位。

1989 年，广东省建有乡镇图书馆 1402 个。1990 年 3 月，辽宁省提出"八五"期间创建一批高标准乡镇图书馆的目标，并下发了开展创建标准乡镇图书馆（室）活动的通知，创建活动贯彻"积极稳妥，因地制宜，保证质量，注重实效"的原则，并与乡镇图书馆（室）达标定级结合进行。经过两年时间的建设，全省共创建 153 个省级标准乡镇图书馆，占全省乡镇图书馆（室）总数的 14%。1992 年，全国区（县）以下有乡镇、街道或民办公用的图书馆超过 35 万个[①]。1994 年，上海郊县 220 个乡镇全部建成了图书馆；江苏省建成乡镇图书馆（室）2000 个，其中万册乡镇图书馆 560 个，总藏书量 1021.75 万册，馆舍面积约 8.7 万平方米，工作人员 2289 名[②]。

20 世纪 90 年代以来，随着我国社区与社区文化的发展，社区图书馆的概念逐步得到人们的认识和关注。1992 年，江泽民同志在党的十四大报告中第一次提出："要搞好社区文化、村镇文化、企业文化、校园文化的建设——把精神文明建设落实到基层。""社区文化"第一次跃入人们的视野。1996 年，中共中央十四届六中全会通过的《关于加强社会主义精神文明建设若干重要问题的决议》对全国的精神文明建设起到了巨大的推动作用，社区图书馆应运而生。2002 年，国办发【2002】7 号文件着重强调："十五期间，城市以社区，农村以乡镇为重点，全面加强文化阵地、文化队伍、文化活动和方式建设。努力满足广大人民群众日益增长的精神文化需要。"社区图书馆和乡镇图书馆建设的热潮再次升温。截至 2002 年 8 月，北京已有 136 个街道（乡镇）图书馆，占街道（乡镇）总数的42%，并且实现了联合检索、网上阅读和资源共享。截至 2003 年底，上海 232

---

① 朱淑华. 关于我国社区图书馆建设的探讨 [J]. 图书馆论丛，2001（4）：19.

② 季根章，乡镇图书馆建设的实践与理论 [M]. 银川：宁夏人民出版社，1999：5.

个街道（乡镇）中，建有社区图书馆 225 所，建馆率达到 96.98%；建有里弄（村）图书室 3200 多个，占全市里弄（村）数的 55%[①]。深圳宝安区提出了"百村书库"计划，累计投入资金 6300 万元，全区 126 个行政村建立村级图书馆 112 个，形成区、镇、社区（村）三级网络。

历经百余年的发展，随着各级政府对社区文化、农村文化建设的投入加大，一批批现代化社区和乡镇图书馆雨后春笋般出现，进一步推动了阅读推广活动在城乡基层的广泛开展，在引导居民阅读倾向、组织居民阅读活动方面发挥了重要作用。

第二节　社区与乡村阅读推广的现状分析

一、社区阅读推广现状

2006 年以来，在中央文明办、文化部、新闻出版专管部门、教育部、解放军总政宣传部、共青团中央、全国总工会、全国妇联等部门的共同倡导下，全民阅读活动在各地蓬勃开展，由此也催生了丰富多样的社区阅读推广模式，如社区图书馆、书刊阅览室、职工书屋等。而在众多模式之中，社区图书馆是最基础、最普遍的。

我国的公共图书馆体系可划分为国家、省、市、县（区）、乡镇（街道）、村（社区）六个等级，其中，社区图书馆是我国公共图书馆体系的重要组成部分，是基层公共文化服务体系的基本元素。发挥社区图书馆作为社区"第三空间"的价值与功能，最重要的就是让社区图书馆成为社区文化中心。我国公共图书馆在阅读推广过程中，以社区为基点，创新驱动服务，打造书香氛围，积累了丰富的推广案例。

2002 年 9 月，时任中山图书馆馆长李昭淳无意中在报纸上读到一篇关于广州最大解困小区棠德花苑的报道，得知棠德花苑汇集了 400 多户困难户约 2 万人，

---

① 肖希明. 先进文化与公共图书馆的发展 [J]. 图书馆，2004（4）：7.

其中还有残疾人200多名。对于特困户和残疾人来说，文化资源必定十分缺乏，而文化资源对弱势群体的作用往往更为重要。于是，在棠德花苑下设图书馆分馆的念头在李昭淳心中萌发，中山图书馆棠下分馆由此创立。该馆的建设始终坚持重点服务弱势群体的初衷，在棠下文化站一楼开设了一间特殊阅览室，设计了残疾人通道，方便残疾人出入。还把棠德花苑棠德南社区居委会80多平方米的多功能活动室改设为阅览室并使其成为分馆的一部分，方便解困小区中残疾人员、特困家庭成员就近阅读 ①。

2013年，第三届北京阅读季评选出了北京市"阅读示范社区"，当时主办方希望通过这一活动，为社区提供更多的阅读推广资源，同时探索适合北京社区的、不同类型的、具有可复制性的社区阅读推广方案。评选揭晓后，一个个阅读示范社区给人们留下了深刻印象，政府也对这些获奖社区进行了补贴，鼓励他们在阅读推广中继续发挥作用。阅读示范社区倡导把阅读变成一种生活方式。咖啡馆、商场、图书馆、书店、会所等都可以承担阅读推广职能，政府补贴这些具有"准公益"色彩的经营实体，目的就是鼓励更多机构加入阅读推广活动 ②。

从以上例子中我们可以看到，社区阅读推广的一项重要内容就是为特殊群体、弱势群体服务，其中老年读者和未成年读者最为常见。这是由社区内这两类群体突出的文化服务需求和他们有限的文化资源获取能力两方面共同决定的。老年读者阅读困难的原因主要有两点：首先是部分老年人长期以来未能养成良好的阅读习惯，更倾向于以电视、棋牌等娱乐项目打发时间；其次是老年人受制于目力、精力等身体因素，难以经常前往图书馆、书店等阅读场所获取阅读资源。而这两个方面恰恰是社区图书馆业务开展的优势所在。社区图书馆可以借助社区其他关怀老人的活动，宣传阅读理念，调动老年人积极性，积极引导老年人培养良好的阅读习惯和生活情趣。另一方面，老年读者可以免去交通跋涉之苦，在家门口就可以获得阅读资源。社区图书馆也可以主动出击，送书到家、送文化到家，让老年读者足不出户就能享受文化资源。此外，随着数字阅读时代的到来，社区图书馆更应该帮助老年人掌握基本的数字通信技能，从而方便他们进行数字阅读，特

---

① 杨媛，姚忠伟，刘清源．广州：社区来了省级图书馆［N］．羊城晚报，2002-12-08.
② 王坤宁．北京"阅读示范社区"：在家门口闻到书香［N］．中国新闻出版报，2014-08-11.

别是阅读各类时事新闻。通过提高社区老年读者数字化阅读意识、消除数字化阅读的人为障碍、重视老年读者网络信息素养教育培训、加强社区老年读者数字化阅读引导、提升社区图书馆员的网络信息素养等手段，提高社区老年读者的数字化阅读水平①。

少儿的社区阅读推广则与老年人的阅读推广活动有所不同。少儿读者具有很强的可塑性和接受能力，经过科学的引导和培训，完全有能力自主获取阅读资源，因此，社区图书馆的服务重点在于"引"。即通过营造良好的阅读氛围，举办丰富多彩的活动，把孩子吸引到图书馆来，帮助他们学会利用资源、获取信息和融入社会。构建全覆盖的少儿图书馆社区服务体系，要从科学规范入手，明确办馆理念，积极做好少儿图书馆的管理创新、服务创新、馆员素质提升工作。同时，加强少儿图书馆的社会合作力度，充分利用其他单位、社团和网络等资源，结合少年儿童的实际需求，不断从硬件资源设备与软件服务策略两方面入手，提高服务质量②。

社区阅读推广的开展离不开各项措施和政策的保障。目前，我国关于社区图书馆发展的相关法律、规范等大致可分为四个类型：公共文化服务体系建设相关政策文件、促进全民阅读相关规章制度、社区民生相关政策文件、图书馆事业相关法规。虽然立法和规划工作总体上日益受到重视，但总的来看，社区图书馆缺乏专门的法律保障，相关法规政策分散在不同的领域，并呈现出较大的区域差距③。

2014年，文化部公共文化司委托中国图书馆学会开展书香城市指标研究及推广项目，通过制定并发布书香城市（县级）、书香社区标准指标体系，指导各地开展书香城市（县级）、书香社区建设工作。2015年5月，中国图书馆学会联合内蒙古图书馆学会、宁波市图书馆、广西壮族自治区图书馆等多家单位面向全国图书馆发布了《书香城市（县级）标准指标体系》和《书香社区标准指标体系》。其中《书香社区标准指标体系》以阅读设施、阅读资源、阅读活动、阅读服务、

① 刘娟萍，杨玉蓉.社区老年读者数字化阅读研究［J］.图书馆，2015（2）.
② 孟华.全覆盖的少儿图书馆社区服务体系构建［J］.图书馆学刊，2013（1）.
③ 郑丽芬，李红澄.我国社区图书馆发展保障综述——以相关政策和法规为视角［J］.图书馆，2017（2）.

阅读成效等五项内容为一级指标，再细分为若干二级、三级指标，并对每一项三级指标根据不同地域条件做了量化的标准设置。这是落实公共文化服务体系建设的重要成果，为各地开展书香城市、书香社区建设工作和推动全民阅读提供了指导和依据。当然，指标体系的制定者也指出，该指标体系的制定是一项全新的工作，能够参考的标准、指标或依据不多，因而需要在实践中逐步加以修正和完善。可以预见，随着国家科技、经济实力的进一步加强，人民生活水平不断提高，公共文化服务触手广泛延伸，社区阅读推广在未来将有广阔的舞台。

以此为契机，2016 年 7 月 5 日，中国图书馆学会正式下发了《关于举办 2016 年"书香城市（区县级）"发现活动的通知》，最终确定了 19 家入围名单。在此基础上，2017 年又举办了"书香社区"发现活动。2017 年的"书香社区"发现活动由中国图书馆学会主办，中国图书馆学会阅读推广委员会、宁波市图书馆承办，中国图书馆学会阅读推广委员会社区与乡村专业委员会协办，最终有 40 家社区入围。

经过相关部门和团体的多年努力，社区阅读推广正走在一条正确的道路上。理论成熟度、社会参与度、群众认可度逐渐提高，社区居民普遍享受到了全民阅读推广带来的文化养料。只要坚持理论与实践相结合、城市与乡村相结合、专业与全民相结合的路线，定能在未来取得更加丰硕的成果。

二、乡村阅读推广现状

相比于发展迅猛的社区阅读推广，广大乡村在这一领域底子薄、起步晚，并且理念、经济、资源、环境等制约因素较多，尚处于探索阶段。尽管取得了一些成绩，但仍需较长时间，才能形成较为全面、完善的乡村阅读推广网络体系。

根据《第十五次全国国民阅读调查成果》，我国成年国民阅读率城乡对比数据为：2017 年，城镇居民图书阅读率为 67.5%；农村居民图书阅读率为 49.3%。成年国民阅读量城乡对比数据为：2017 年，城镇居民纸质图书阅读量为 5.83 本；农村居民纸质图书阅读量为 3.35 本，低于 2016 年的 3.61 本。

2018 年 5 月 2 日，亚马逊中国携手中国扶贫基金会、北京师范大学中国公益研究院联合发布首个针对中西部贫困地区的《乡村儿童阅读报告》，聚焦偏远山区儿童阅读现状。调查显示，中西部贫困地区儿童的课外阅读资源整体匮乏，高达74%的受访乡村儿童一年阅读的课外读物不足10本，更有超过36%的儿童一年只读了不到3本书；此外，超过71%的乡村家庭藏书不足10本，一本课外读物都没有的乡村儿童占比接近20%。这些均与城市儿童阅读情况形成了鲜明的对比。归纳而言，中西部贫困地区儿童课外阅读资源匮乏，实际课外阅读数量、时间与城市存在较大差异，课外阅读普遍缺少家长的参与和陪伴。报告还指出，相比简单的图书捐赠，建立更长久的课外阅读体系，即丰富的课外阅读资源、辅助课外阅读激励和指导机制并行，逐步培养乡村儿童阅读兴趣和习惯显得更为重要。

由于公共图书馆的辐射范围有限，即使在农村的阅读推广工作中有所投入，也往往无法全方位深入，因此乡村阅读推广更需要多主体参与。"农家书屋"就是其中一个成功的范例。

为了深入贯彻和落实中共中央、国务院《关于推进社会主义新农村建设的若干意见》和《关于进一步加强农村文化建设的意见》，切实解决广大农民群众"买书难、借书难、看书难"的问题，2007年3月，国家新闻出版总署会同中央文明办、国家发展改革委、科技部、民政部、财政部、农业部、国家人口计生委联合发出了《关于印发〈农家书屋工程实施意见〉的通知》，开始在全国范围内实施"农家书屋"工程。至2013年，我国共建成农家书屋60余万个，初步实现了农家书屋的普及化。经过10余年的发展，农家书屋已遍地开花，成为乡村阅读推广不可或缺甚至是至关重要的力量。更难能可贵的是，各地根据本区域地方特色和风土人情，在农家书屋的建设过程中探索出了许多独特的路径，丰富了农家书屋的内涵。2018年7月，农家书屋主题展首次亮相全国书博会，这是"农家书屋"工程开展10多年来首次在全国书博会上举办主题展。此次主题展的主要目的在于提升农家书屋的社会影响，推动农家书屋深化服务，以农村阅读活动新成果为"乡村振兴"战略实施赋能。主题展的主要内容着眼于农村思想文化阵地建设、农村文化传播高地建设和农村文脉传承基地建设，紧紧围绕"新时代、新农民、新阅读、新发展"展示农家书屋特色出版物、农村少年儿童阅读实践和绘画活动优秀作品、全国示范农家书屋和优秀管理员风采 [1]。

---

[1] 赵新乐. 农家书屋十年硕果接受"检阅"［N］. 中国新闻出版广电报，2018–07–23.

当然，在飞速发展的同时，农家书屋也不可避免地存在着一些问题。如不同地区管理、建设水平参差不齐，管理体制、机制不完善，文献质量和流通率不高。甚至有的地方农家书屋沦为摆设，常年关闭。这都促使政府和相关部门再次考虑如何让农家书屋转型升级的问题。2018 年的上海书展，6 家农家书屋首次参展，上海金山区亭西村农家书屋就是其中之一。亭西村农家书屋有个雅致的名字：栖静书院。与老村部里的农家书屋相比，栖静书院在软、硬件上都有所升级，其中核心是服务理念的创新。如果说过去的农家书屋更多见到的是银发读者，阅读书目也偏向于养生保健和农业操作，栖静书院则主打青少年阅读，无论是书目还是活动安排上都更贴近孩子们的兴趣。金山区抓住精准化需求，启动农家书屋升级改造工程，并重点培育特色农家书屋，增强农家书屋的吸引力和影响力，使之成为乡村文化振兴和村民学习修身的重要抓手①。

除了政府机关部门的行政推动，出版、文化相关企业参与乡村阅读推广也是一条可行的路子，如 2016 年商务印书馆开始建设的"乡村阅读中心"等。

总的来说，目前我国的社区与乡村阅读推广事业在正确的理论指导下稳步前进，主要体现在辐射区域和服务人群逐渐扩大、活动举措类型丰富、阅读品牌意识逐步树立、阅读风尚广为传播。但也应该认识到，与阅读推广事业发展较早的一些发达国家相比，我国在相关领域尚处于起步阶段，各方面差距依然明显。而且，社区与乡村的阅读推广水平受地方经济、市民文化意识等因素影响较大，发达地区总体水平高于欠发达地区，城市总体水平高于农村。这些是下一步工作需要关注的问题。

三、社区与乡村阅读推广专业委员会

为了推动社区与乡村阅读推广工作有计划、有针对性地开展，中国图书馆学会阅读推广委员会专门成立了"社区与乡村阅读推广专业委员会"。

该委员会挂靠宁波市图书馆，承担着理论研究与实践推动的双重任务。在阅读推广委员会的指导和工作部署下，以全力推动基层民众阅读为己任，致力于有目标、有计划、有步骤、多方面、连续性地开展社区与乡村图书馆的建设研究及

---

① 施晨露. 升级版农家书屋如何抓住村民的心［N］. 解放日报，2018–08–10.

社区乡村阅读活动的广泛实践，培养阅读习惯，创造阅读条件，营造阅读氛围，开展阅读活动，推动书香社会、和谐社会的建设。

2009 年，中国图书馆学会第二届阅读推广委员会成立，社区与乡村阅读推广专业委员会挂靠宁波市图书馆，由时任馆长庄立臻担任主任，成员包括全国公共图书馆 14 位委员。专委会分别于 2011 年、2013 年举办了"社区乡镇阅读推广活动优秀案例征集"活动，评选出"最佳案例""优秀案例"，汇编《阅读点亮生活——社区与乡村阅读优秀案例集》；承办了 2013 中国图书馆学会年会第十八分会场：阅读点亮生活——社区与乡村阅读案例推介会。

2016 年 4 月，中国图书馆学会阅读推广委员会换届成立大会在广东省东莞市举行。会议正式宣布中国图书馆学会第三届阅读推广委员会换届成立。社区与乡村阅读推广专业委员会继续挂靠宁波市图书馆，由馆长徐益波担任主任，委员增加至 25 位。

2017 年，专委会开展了"书香社区"评比活动，举办了"书香社区"论坛，进一步发挥带头作用，为各地开展全民阅读活动提供示范。

"书香社区"评比活动于 2017 年 6 月启动，历时 3 个月，共吸引了 18 个省、市、自治区 126 个社区注册。经过初步筛选，61 个社区入围评审名单。评选依据必备条件、基本情况、创新亮点等指标体系，结合申报材料，同时兼顾地域特点，最终 40 家社区成功入围 2017 "书香社区"发现活动名单。2017 年 11 月宁波读书周期间，对入围社区进行了表彰授牌。11 月 3 日，2017 年"书香社区"论坛在宁波举行。论坛由中国图书馆学会、宁波市人民政府主办，中国图书馆学会阅读推广委员会、宁波市文化广电新闻出版局承办，中国图书馆学会阅读推广委员会社区与乡村阅读推广专业委员会、宁波市图书馆协办。论坛邀请了北京市赵家楼社区、湖南省长沙市左岸社区、西藏自治区拉萨市金珠西路社区、江苏省张家港市东莱社区和浙江省宁波市江梅社区等 5 个社区作为 2017 年书香社区代表进行了分享交流。

2018 年 3 月 28 日，社区与乡村阅读推广专业委员会 2018 工作会议在合肥市图书馆召开。与会专家交流了各馆的阅读推广工作，并就委员会 2018 年的工作计划进行了探讨，重点讨论了中国图书馆学会主办的 2018 "书香城市（区县级）"发现活动等内容。同时，还召开了 2018"书香城市（区县级）"发现活动专家会议，讨论了"书香城市（区县级）"发现活动方案，并对评价指标、活动细节进行了调整确定。

目前，政府机构和相关部门已经充分认识到社区与乡村阅读推广的重要性，并进行了机构、制度、活动等多方面的探索。随着"全民阅读"理念不断深入人心，党和政府对社区与乡村阅读推广工作的关注和投入持续增加。我国社区与乡村阅读推广实现了从无到有、从少到多、从粗到精、从点到面的飞速发展。各地积极探索、创新驱动，通过各种形式、各种活动，打造品牌，服务读者，形成了良好的城乡联动阅读推广新局面。

第三节　社区与乡村阅读推广存在的问题及对策

一、存在的问题

毋庸讳言，尽管我国的社区与乡村阅读推广事业取得了长足进步，成果非凡，但是存在的问题、矛盾也是十分突出的。正如习近平总书记在中国共产党第十九次全国代表大会上的报告中所指出的：中国特色社会主义进入新时代，我国社会主要矛盾已经转化为人民日益增长的美好生活需要和不平衡不充分的发展之间的矛盾。这在社区与乡村阅读推广中也深有体现。

（一）城乡、东西等区域发展不平衡

就社区与乡村而言，两者本身就存在着各方面的差距。毫无疑问，城市社区具有资源、人口、地域等优势，发展较快，水平较高，而乡村阅读推广还任重道远。由于阅读推广需要投入大量人力、物力、财力，并且本身不是具有商业价值的行为，因此其经费主要靠政府财政拨款支持。因此，如东部沿海等发达地区总体上就具有更好的发展条件，而中西部特别是边远山区则较为滞后，甚至出现雷声大雨点小、只见投入不见产出的情况。伴随着人口、资金越来越向发达地区和大城市流动的趋势，这一状况必须得到有效遏制，否则，将不利于公共文化的均

惠、普惠，不利于文化强国战略的深入推进。

2015 年 12 月，文化部等七部门联合印发《"十三五"时期贫困地区公共文化服务体系建设规划纲要》，提出到 2020 年贫困地区公共文化服务能力和水平有明显改善，群众基本文化权益得到有效保障，基本公共文化服务主要指标接近全国平均水平，扭转发展差距扩大趋势，公共文化在提高贫困地区群众科学文化素质、促进当地经济社会全面发展方面发挥更大作用。

（二）参与主体单一，社会效益不高

我国的阅读推广主体，根据职能和特点大致可分为图书馆、政府、出版发行机构、大众媒体和协会等民间机构。阅读推广必须调动这些不同的主体，利用其独有的资源和优势，积极开展各种类型的阅读推广活动①。但事实上，目前我国的社区与乡村阅读推广工作主要还是政府主导的，包括社区图书馆和农家书屋建设。尽管近些年来也有企业、机构和协会甚至个人加入到阅读推广当中来，但一方面还是需要政府给予一定的资金、政策支持，另一方面，这些阅读推广机构和活动未能形成长效机制，能够长期坚持的并不多。这主要也是由于阅读推广事业本身是公益性的，不是营利性的，很难完全激发企业和个人的投入热情。长期来看，这一工作将依然由政府主导进行，但可以考虑给予相应的政策扶持和优惠，让参与者获得相当的社会认同感和获得感。

（三）体制、机制不完善，管理水平不高

目前，社区与乡村阅读推广机构如社区图书馆、农家书屋等，依然存在重建设、轻管理，重数量、轻质量等问题。建设的标准、机制不完善，而管理者也非相关行业从业者。特别是以前欠发达地区的社区图书馆和乡村图书室等，管理和服务水平较为低下，大多数只有 1~2 名固定的管理员，凭借着一腔热情进行内部管理和读者服务。无论是图书的选购、整架，读者的服务、登记，阅览室的维护、整理以及长期的规划等方面，都存在较大问题。更有图书馆（室）、书屋由于管理不善，常年处于关闭状态，甚至成为赌博、游戏的场所。这样的公共文化设施，非但无法满足人民的文化服务需求，还会成为社区、乡村一处碍眼的"风景"，得不偿失。

---

① 王余光.图书馆阅读推广研究［M］.北京：朝华出版社，2015：226–227.

（四）人才储备不足，缺乏实质吸引力

人才是阅读推广工作能够长期有力推动的关键因素。尤其是对有担当、有意识、有能力的专业"阅读推广人"的培养，是阅读推广人才储备工作的重中之重。范并思认为：全民阅读是一项造福民族的美好事业，阅读推广人是这项事业中最可爱的园丁，阅读推广人队伍的建设与管理，将成为当前我国社会持续深入开展全民阅读需要关注的问题之一[①]。但客观上，由于阅读推广本身带有一定的公益属性，不以商业营利为目的，因此这项工作在人才的吸引力上比较匮乏。可以说，目前从事阅读推广的主要为公共图书馆、相关文化机构工作人员，还很难吸引有相关专业背景的高层次人才广泛参与。要做好阅读推广人的培育工作，必须长远规划、合理设计，从制度着手，通过建立阅读推广人资质管理制度，建立公益性的阅读推广人培训和认证制度，建立多层次、多模式的阅读推广人管理制度[②]，真正建立完善阅读推广人的培育机制。

（五）资金、政策等保障措施仍待加强

北京大学信息管理系教授李国新指出，现代公共文化服务体系建设需要强有力的保障体系，其中最根本的是建立健全公共文化服务法律体系，还包括经费保障、人才保障等要素[③]。政府在这些领域做了很多努力，但短板依然明显。

2017 年 11 月 4 日，第十二届全国人民代表大会常务委员会第三十次会议通过了《中华人民共和国公共图书馆法》，并于 2018 年 1 月 1 日起施行。这是中国第一部图书馆专门法，对于加强公共图书馆管理、推进公共图书馆事业发展、保障人民群众公共读书阅览权利意义重大。由于这部法律的主要对象是公共图书馆，而非"阅读推广"行为，因此，尽管该法涉及一些阅读推广的内容，如第三十三条指出"公共图书馆应当免费向社会公众提供下列服务：……（三）公益性讲座、阅读推广、培训、展览"，但规定得并不细致、全面，还是远远不能满足实际工作的需要。

必须指出的是，阅读推广的利益着眼点并不在当下，而在于长远。有关部门

---

① 范并思.建设全面有效的阅读推广人制度［N］.中国文化报，2017–04–21.

② 同上。

③ 李国新.现代公共文化服务体系建设与公共图书馆发展——《关于加快构建现代公共文化服务体系的意见》解析［J］.中国图书馆学报，2015（3）.

应当牢固树立"功在当下，利在千秋"的意识，切实做好阅读推广的各项保障工作，而社区与乡村阅读推广是整项工作得以扎实推进的根基。

二、发展策略

习近平总书记在党的第十九次全国代表大会上指出："推动文化事业和文化产业发展。满足人民过上美好生活的新期待，必须提供丰富的精神食粮。要深化文化体制改革，完善文化管理体制，加快构建把社会效益放在首位、社会效益和经济效益相统一的体制机制。完善公共文化服务体系，深入实施文化惠民工程，丰富群众性文化活动。"在这一过程中，社区与乡村阅读推广工作必须牢固树立"以人为本"的理念，积极拓展推广路径、积累推广经验、深化推广理论，切实有效地提高我国的基层阅读推广水平，为群众提供优秀的文化、信息资源。

（一）优化完善体制、机制

确保体制、机制完善、可靠是阅读推广工作顺利进行的基础。社区与乡村阅读推广体制、机制内涵丰富，包括经费、政策、管理、人才、编制、宣传、模式、奖惩等。这一机制的确立，不能只依靠行政力量，还需要专业学者和从业人员，包括读者、用户的广泛参与、调研。由于社区与乡村阅读推广业务牵涉社区、农村其他各方面工作，如社区养老、精准扶贫等，因此需要各部门配合共同完成。机制的完善还有利于提高社区和乡村阅读场所、资源的管理水平，提高管理人员的综合素质，让他们在一定的体制约束和培训之下开展工作，有利于"点面结合"地推进社区与乡村阅读推广。

（二）开拓创新，实现主体多元化推广

毛晓明认为，农家书屋和社区图书馆等基础性公共文化设施的发展要体现在多元化投入方面。除政府主导外，还应该补充企业赞助、社会团体投入、个人参与投入等非财政性投入[①]。中国图书馆学会秘书长霍瑞娟认为，社区图书馆的多元化发展可以从不同角度进行阐释，通过增加投入主体、改变建设方式、提供多种

---

① 毛晓明.免费开放背景下公共图书馆多元化投入的实践与思考——以江苏省公共图书馆为例[J].
图书馆界，2014（3）.

服务等方式确保社区图书馆以一种积极适应的态势成为社区的信息中心[①]。实现推广主体的多元化，是阅读推广的必然趋势，也是该项工作能够长期可持续进行的必要措施。目前，越来越多的组织和个人正通过各种途径参与到这项事业当中来。

（三）根据不同群体特征，做好精准推广

每一本书都有它的读者。细分读者群体，按照需求特点和客观情况进行精准推广势在必行。阅读推广的客体范围很广，以图书馆的推广对象为例，除了普通读者人群外，还包括儿童、残障人群、留守人群、社区外来居民、老年人、病人、居家人群等等[②]。例如深圳图书馆早在 21 世纪初就已经意识到深圳作为一个移民城市，为外来务工人员和本市暂住人口提供服务的重要性。社区图书馆应当重视暂住人口的文化需求，为他们制订相应的阅读计划，吸引他们走进图书馆，让阅读成为一种生活习惯[③]。

（四）顺应数字化趋势，推广数字阅读

李新祥指出，数字化时代，作为阅读主体的读者在数量上是不断增长的，总体阅读率在上升，但阅读主体的素质是参差不齐的，结构异常复杂。在阅读方式上，由过去单纯的读，变为现在的读、听、看三种方式并存[④]。因此，数字时代来临之际，阅读推广人应化被动为主动，先于用户的需求进行各种资源的整合和创新，使自己能够提供充足的数字时代的各种信息载体，进而为用户所接受和利用。需要指出的是，文献的数字化，不能仅仅满足于文献文本在数字平台的可视化，还应该努力使文本成为可供计算机检索、处理、编码的数字资源。只有这样的数字资源，才是符合未来数字时代的资源，才可称得上是真正的数字化资源。

（五）建立保障体系，特别是完善相应的法律法规

郑丽芬、李红澄认为，要发展公共文化服务体系和推广全民阅读，必须将图书馆及阅读融入市民生活，并将有关政策和资源向社区图书馆等贴近民众的基层馆下移。要通过加快社区图书馆法制建设，明确具有实用性和可操作性的举

---

① 霍瑞娟.社区图书馆多元化发展研究［D］.湘潭：湘潭大学，2015.

② 范并思.论图书馆阅读推广的理论体系［J］.图书馆建设，2018（4）.

③ 肖水英，陈永娴.阅读推广计划——深圳市社区图书馆的发展机遇［J］.图书情报工作,2006（8）.

④ 李新祥.数字时代我国国民阅读行为嬗变及对策研究［D］.武汉：武汉大学，2013.

措，使其建设有法可依、细则可行、贯彻有力，保障社区公民公平、无障碍地享受社区图书馆的规范服务①。没有政策和法规的支撑和保障，社区与乡村阅读推广的良性发展也就无从谈起了。

（六）提高国民意识，主观上提升文化自觉

"阅读推广"采取的是一种由外及内的引导、规范模式，而阅读本质上是一种个体、私密的行为。因此，从主观上提升国民对于阅读行为的认同感，使其意识到阅读的重要性和自身的文化使命至关重要。孙成珂指出，在信息社会中，信息知识是一个国家、一个民族具有竞争力的决定性因素。获取知识的最有效途径就是阅读。阅读离不开高度的文化自觉，离不开政府的积极倡导，离不开各级公共图书馆的积极实践，离不开社会公众的身体力行②。

（七）深化理论总结，指导推广实践

阅读推广是一种实践性很强的工作，而社区与乡村阅读推广面向基层，处于实践的前线。但是，这并不意味着相关的理论研究可以搁置一旁。相反，通过总结经验、梳理模式，形成科学、系统的理论体系，可以更有效地指导社区与乡村阅读推广工作。但是，从事这一工作的人员主要为公益事业爱好者或本社区、乡村的居民，不具备相应的学术总结能力。因此，专业人士，特别是在高校和科研机构从事图书馆和阅读推广事业研究的学者，要走出书斋，深入社区与乡村进行调研走访，真正投入到阅读推广工作当中去，这样形成的理论体系才能真正地具有指导实践的学术价值，做到理论联系实际。

（八）回归阅读原点，提供优质文献

阅读推广的所有措施和努力，都基于一个共同的基本点——为读者提供优质的文献资源。让更多的人接受阅读、从事阅读活动是"量"的方面，更重要的是，在推广的过程中，要不断让读者感受到优质文献资源的吸引力，体会到国内外经典名著历久弥新的永恒价值。深圳图书馆于 2013 年创建"南书房"经典阅读空间，推广人文阅读、经典阅读和深阅读。正如深圳图书馆馆长张岩所言："现代文明

---

① 郑丽芬，李红澄.我国社区图书馆发展保障综述——以相关政策和法规为视角［J］.图书馆，2017（2）.

② 孙成珂.文化自觉与公共图书馆服务体系建设管见［J］.图书馆工作与研究，2012（11）.

自身的问题越来越多，亟须从传统文明中获得帮助，任何伟大的学说随着时代发展都应返本开新。回归人文阅读、回归经典本身正是为了建构新的文化。"①

总结

总的来说，社区与乡村阅读推广作为公共文化服务的一个重要方面，正处于初创、成长期，未来的发展空间很大，尤其是在多元化合作和产业化经营等方面，值得深入探索。社区与乡村的阅读推广，应充分利用数字多媒体等手段，让受众从被动、感性地接受，转变为主动、理性地追求。这不仅需要阅读推广人的努力，也需要全体文化工作者的共同付出。

---

① 张岩.从经典阅读到返本开新的文化建设——以深圳图书馆"南书房"经典阅读空间为例［J］. 图书馆论坛，2016（1）.

第三讲

社区与乡村阅读推广的对象与需求

　　阅读可以启发人的思维，提升人的修养。通过阅读，个人可以累积知识，提高自身的素质。国民阅读能力的高低是关系到民族发展的大事。阅读是获取知识最主要的途径。在知识经济时代，知识就是生产力。社区与乡村阅读作为全民阅读的重要组成部分，必须对基层阅读行为加以重视。我们通过具体的调查了解宁波地区社区与乡村阅读推广的对象与需求，并在充分掌握大量原始数据的基础上对数据进行统计分析，发现关于社区和乡村阅读推广对象的共性问题，进而结合研究结论提出相应的解决方案。

第一节　对象调查

一、调查背景

　　一个民族的阅读水平如何，很大程度体现了其国人的素质，因此对于阅读应尤为重视。我国已经将促进国民阅读列为国家公共文化建设重要工程，由中国新闻出版研究院组织实施的第十五次全国国民阅读调查显示，国人的阅读状况正在发生着改变。

　　2017 年，我国成年国民包括书报刊和数字出版物在内的各种媒介的综合阅读率为 80.3%，较 2016 年的 79.9% 有所提升；数字化阅读方式的接触率为 73.0%，较 2016 年的 68.2% 上升了 4.8 个百分点；图书阅读率为 59.1%，较 2016

年的 58.8% 上升了 0.3 个百分点。我国城乡居民不同介质阅读率和阅读量均存在明显差异。2017 年，我国城镇居民的图书阅读率为 67.5%，较 2016 年的 66.1% 高 1.4 个百分点；农村居民的图书阅读率为 49.3%，略低于 2016 年的 49.7%。城镇居民报纸阅读率为 43.9%，较农村居民的 30.1% 高 13.8 个百分点。城镇居民 2017 年的期刊阅读率为 30.7%，较农村居民的 18.9% 高 11.8 个百分点。城镇居民 2017 年的数字化阅读方式接触率为 81.1%，较农村居民的 63.5% 高 17.6 个百分点。2017 年我国城镇居民的综合阅读率为 87.2%，较农村居民的 72.2% 高 15.0 个百分点。2017 年，我国城镇居民的纸质图书阅读量为 5.83 本，较 2016 年的 5.60 本高 0.23 本；农村居民的纸质图书阅读量为 3.35 本，低于 2016 年的 3.61 本[①]。

社区和乡村阅读作为全民阅读的重要组成部分，其阅读文化的建设决定全民阅读的成效。中共中央办公厅、国务院办公厅印发的《关于加快构建现代公共文化服务体系的意见》指出，统筹推进公共文化服务均衡发展，促进城乡基本公共文化服务均等化，要打通公共文化服务"最后一公里"，实现农村、城市社区公共文化服务资源整合和互联互通。目标的落实关键就在社区和乡村。加大对社区和乡村文化建设的扶持力度，首先要了解社区和乡村居民的文化需求和现实状况，有的放矢，才能有针对性地开展工作。

二、调查时间与地点

宁波是一座有着根深蒂固的爱书、读书"基因"的国家历史文化名城。"书藏古今，港通天下"，是宁波的城市主题形象口号。藏书文化在宁波传承千年，历经四百余年的天一阁是中国现存最早的私家藏书楼，它是宁波藏书文化的典范和宁波人引以为傲的城市"文化名片"。"书"成为一个城市的文化象征，既体现了历代宁波人共同的价值追求，也让爱书、读书、藏书、用书渗透到这个城市老百姓的骨子里，流淌在越来越多宁波人的血脉中，让崇尚阅读成为宁波人与生俱来的价值导向和生活方式。

近几年来，宁波市围绕"全民阅读"这一主题，结合地域文化特点，通过政府主导、社会合作、民众参与，在全市上下组织开展了内容丰富、形式

---

① 第十五次全国国民阅读调查成果发布［J］.国家图书馆学刊，2018（3）：38.

多样的全民阅读活动，不断推进"书香之城"建设，倾力打造崇文尚读的社会风尚。本讲以宁波地区社区和乡村居民为调查对象，来阐述其基本情况与需求。

本调查自 2018 年 4 月开始至 2018 年 6 月调查报告完成，历时 2 个月，覆盖宁波全市社区和乡村。根据宁波市基层人口总量与分布，依据人口比重进行分配，在保证全面覆盖的基础上进行有针对性的调查，对阅读群体较为活跃的社区和乡村进行了重点调查，它们是海曙市高桥镇芦港社区、鄞州区福明街道新城社区、北仑区江梅社区、江北区慈城镇国庆村、镇海区蛟川街道中官路村、慈溪市庵东镇海星村、余姚市河姆渡镇翁方村、奉化区西坞街道金峨村、宁海县力洋镇海头村、象山县墙头镇方家岙村。这些社区和乡村阅读推广的保障体系完善、社会参与度高、创新性强、阅读成效显著，它们是阅读行为的积极倡导者，是民众利用图书馆和阅览室最为频繁的集体。对于偏僻的农村，本次调查也有所涉及。

三、调查方法与原则

本次调查采用了问卷调查的方法。问卷调查法，是社会调查中最为常用，也是最为有效的调查方法。它是以具体的问卷为依托，将问卷发放到被调查者手中，由被调查者填写后，再回收的一个过程。本次调查人员主要为宁波各县、市、区图书馆和社区乡村阅览室的工作人员，为保证问卷的回收率，每个调查者只负责发放 10 份问卷，协同问卷，附有调查问卷注意事项和填写详细说明，以确保调查问卷的填写质量。

本问卷设计本着准确、清晰、简洁的原则，共涉及 30 个问题。问题本身和答案用不同字体加以区分。答案间具有排它性，但兼顾全面。对于开放性的问题，可以手写。针对调查中的特殊人群，充分考虑到被调查者的具体情况，如把亲子阅读部分放到问卷尾部，供有孩子的家长填写。

问卷内容涉及：调查范围，阅读态度与目的，阅读方式与方法，阅读习惯与场所，亲子阅读和伴读，读物选择，阅读时间与频率，图书馆利用情况等。

样本的选取主要采用随机抽样的方法，本次调查问卷发放 650 份，回收 643

份，有效 605 份。

调查中掌握的资料都是零散、原始的。在完成了调查之后，对所掌握的资料进行整理以提高调查资料的实用价值尤为重要。此外，还需对问卷进行资料审查。审查就是通过细致的研究和详尽的考察，确定资料的真实性，如问卷中是否有一个多填的现象，是否有随意填写行为等。

四、调查结果

本次调查有效问卷 605 份。问卷的受访者中，男性 211 人，占全部受访者的 45.5%；女性 253 人，占全部受访者的 54.5%。如表 3–1 和表 3–2 所示，本次调查的受访者涉及各个年龄层次和不同的教育层次，具有良好的代表性。年龄分布上，16.2% 的受访者年龄在 25 岁及以下，24.8% 的受访者年龄介于 26~35 岁，27.8% 的受访者年龄介于 36~45 岁，13.8% 的受访者年龄介于 46~55 岁，17.5% 的受访者年龄在 55 岁以上，本次调查基本涵盖了所有年龄段的受访者。受教育程度上，4.7% 的受访者学历是小学及小学以下，13.1% 的受访者学历是初中，27.6% 的受访者学历是高中、中专或中技，23.3% 的受访者学历是大专，27.6% 的受访者学历是本科，3% 的受访者学历是硕士，可以看出，高中及本科学历的受访者居多。

表 3–1　宁波受访者年龄统计

年龄	频率	百分比（%）	有效百分比（%）	累积百分比（%）
25 岁及以下	75	16.2	16.2	16.2
26~35 岁	115	24.8	24.8	40.9
36~45 岁	129	27.8	27.8	68.8
46~55 岁	64	13.8	13.8	82.5
55 岁以上	81	17.5	17.5	100
合计	464	100	100	100

表 3-2　宁波受访者学历调查

文化程度	频率	百分比（%）	有效百分比（%）	累积百分比（%）
小学及小学以下	22	4.7	4.8	4.8
初中	61	13.1	13.2	18.0
高中、中专或中技	128	27.6	27.8	45.8
大专	108	23.3	23.4	69.2
本科	128	27.6	27.8	97
硕士	14	3	3	100
合计	461	100	100	100

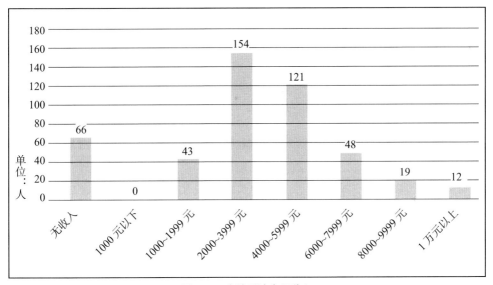

图 3-1　宁波受访者月收入

图 3-1 反映了受访者的月收入情况，其中 66 位受访者无月收入，43 位受访者月收入在 1000~1999 元，154 位受访者月收入在 2000~3999 元，121 位受访者月收入在 4000~5999 元，48 位受访者月收入在 6000~7999 元，19 位受访者月收入在 8000~9999 元，12 位受访者月收入在 1 万元以上。由图 3-1 可知，受访者中高收入者较少，中低收入者居多。对照《2017 年宁波市国民经济和社会发展统计公报》发现，2017 年宁波市居民人均可支配收入为 48233 元。本次调查中受访者所报告的收入水平与统计公报所披露的数据比较一致，这从另一个侧面反映了本次调查选样的可信度。

第二节 需求分析

一、社区与乡村居民的阅读意识、参与阅读的原因及阅读障碍因素的分析

在本次调查中，受访者普遍认为，读书和知识在当今社会对个人生存和发展越来越重要。这表明，社区和乡村居民对于读书和知识之于个人的生存与发展给予了高度重视，通过读书、求知促进个人发展已成为绝大多数人的共识。这种共识的取得，一方面是因为在工业化与信息化的背景下，基层居民亲身经历了知识经济的冲击；另一方面也表明，公共文化事业的兴起已唤醒基层居民读书与求知的热情。

如表 3-3 所示，整体而言，增长知识、开阔眼界，提高个人修养，满足兴趣爱好，以及掌握实用技能和获取信息是基层居民参与社会阅读的主要原因。

表 3-3　宁波受访者参与阅读的原因统计

阅读目的	频率	百分比（%）
增长知识、开阔眼界	265	22.3
提高个人修养	179	15.1
兴趣爱好	157	13.2
掌握一些实用技能	102	8.6
获取信息	128	10.8
消遣娱乐	80	6.7
工作晋升需要	47	4.0
与别人谈话（交流有谈资）	25	2.1
习惯	46	3.9
应付考试	33	2.8%
陪孩子阅读	90	7.6%
其他	37	3.1%

调查发现,也有诸多因素妨碍了社区与乡村居民参与社会阅读活动。如表 3-4 所示,这些因素中除"没时间"外,"不知道读什么""没环境,周围没有图书馆、书店等"和"对书刊内容不满意"是居于前三位的原因。这表明,一方面,不论是社区居民还是乡村居民,用于阅读的时间有限,阅读的目的主要是为用而读;另一方面,基层居民有效参与阅读还需要公共图书馆等机构的阅读指导,以帮助他们确定阅读内容。相对于乡村,城镇的阅读推广活动比较多,一是城镇领导重视阅读工作,二是城镇财力比较丰厚,三是城镇文化单位、文化设施比较多,因此,城镇居民参与阅读的人数多于社区与乡村居民。目前,宁波已建成了相对完备的公共图书馆服务体系,但还有大量基层居民需要更加便捷地获取图书馆资源,以克服因价格贵、周围没有阅读资源而导致放弃阅读。

表 3-4　宁波居民参与阅读的主要障碍统计

阅读障碍	频率	百分比（%）
没时间	227	40.0
不知道读什么	65	11.5
价格贵，买不起	30	5.3
没环境，周围没有图书馆、书店等	53	9.3
对书刊内容不满意	46	8.1
文化程度低，阅读困难	16	2.8
不知道怎么读	11	1.9
没兴趣	21	3.7
其他	98	17.3

此外,文化需求程度也是影响居民参与阅读的障碍,社区与乡村居民更倾向于满足个人物质需求。由于社区与乡村经济发展相对滞后,使得大部分社区与乡村居民始终将物质需求作为经济投入的首要目标,文化需求尚处在边缘需求的地位。随着社区与乡村经济发展提速,居民物质需求基本能够得到满足,但文化需求还处在发展初期甚至萌芽阶段。这既是现实条件使然,也是一种惯性,需要逐步改善。社区与乡村居民受教育程度不高,居民阅读意愿和能力不足,个人终身学习的主观意识也不强,这些都阻碍了居民参与阅读。阅读是学习新技能,收获新知识,开阔视野,了解世界的一种态度和学习惯性,社会要积极引导社区与乡

村居民转变观念，养成良好的阅读学习习惯。

二、社区与乡村居民阅读频率及信息获取相关活动情况分析

调查发现，62.7% 的受访者每月看 1~3 本的书籍，其中有 23.2% 的受访者每月看书数量在 3 本以上。这表明，宁波基层阅读活动已取得初步成效，相当一部分基层居民已积极深入地参与到了阅读之中。图 3–2 展示了宁波基层居民每月阅读书籍数量的分布情况。

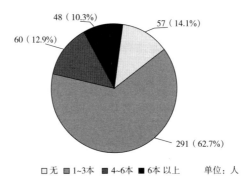

图 3-2 宁波居民每月阅读书籍数量统计

就阅读习惯而言，每周读书 2 次及以上的受访者占 45.3%，每周读书 1 次的受访者占 25%，图 3–3 表明，大多数基层居民已养成了良好的阅读习惯。目前，社区和农村文化基础设施建设不断发展，文化服务事业呈上升趋势，公民阅读与公共文化服务呈正比，受大环境影响，社区和农村的阅读氛围日趋浓厚。但也有 11.9% 的基层居民每半个月以上才读一次书，其中有 15.1% 的基层居民一个月才读一次书或者根本不太有时间看书，这表明，未来宁波地区基层阅读活动还有很大的提升空间。

社区和乡村居民阅读率低与自身收入和社会保障情况相关，这部分居民收入相对较低，社会保障不健全，阅读消费受其经济收入的制约较大。此外，由于部分社区和乡村居民文化素质不高，空闲时间多用来看电视、聊天、打牌或者搓麻将，缺少阅读习惯，因此出现部分居民阅读率低的情况。

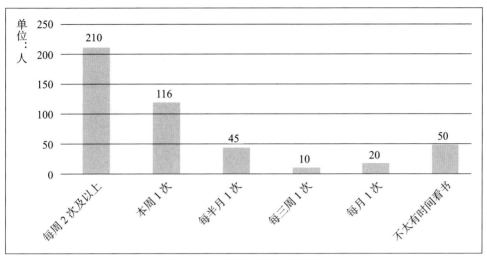

图 3-3 宁波居民阅读频率统计

三、社区与乡村居民的阅读习惯分析

本次调查发现，社区与乡村居民阅读的图书类别广泛。总体来看，文学名著、生活知识和家庭保健方面的图书受到大量读者的欢迎。总结基层居民的阅读需求主要分为三大类：1. 业余型阅读需求，包括生活休闲、养生保健、文学艺术等，主要满足生活和学习之外的个人兴趣爱好的阅读需求；2. 专业型阅读需求，即农业畜牧、家电维修、儿童读物等，这类需求与基层居民的工作和子女教育息息相关，主要满足从事农业生产的农村居民、普通社区居民和义务教育阶段适龄儿童的阅读需求；3. 社会型阅读需求，最典型的是时政新闻，它时效性强、针对性强，最能体现读者对社会现象或社会发展趋势的关注。工作和学习的需要，促使大部分人读书带有明显的目的性。这种束缚正在改变人们的阅读习惯。要想减少这种功利性阅读，就要对各种考试制度、人才制度进行改革，使阅读真正成为一件自由、快乐的事情。但是，不可否认的是，这种功利性阅读状况要求对基层读者的阅读内容进行指导。

为深入分析社区与乡村居民的阅读习惯，本次调查还设计提问项，对受访者参与阅读的陪伴者、阅读时间、阅读地点和阅读资料的来源进行了调查。由表 3-5 可见，图书馆在社会阅读中的重要作用已得到充分彰显，其表现是大部分居民的阅读地点是图书馆，阅读图书的来源也来自图书馆。

表 3-5 阅读习惯

问项	频率	百分比（%）
阅读的陪伴者		
朋友	90	17.1
孩子	159	30.2
配偶	71	13.5
同事	29	5.5
读书会成员	8	1.5
老人	28	5.3
其他	142	26.9
阅读的时间		
任何空闲时间	297	64.0
假日	57	12.3
睡觉前	74	15.9
特定聚会时（如读书会等）	3	0.6
其他	33	7.1
阅读的地点		
图书馆	234	36.2
家里	228	35.2
书店	48	7.4
学校	16	2.5
工作单位	32	4.9
网吧、咖啡馆等休闲地点	9	1.4
交通工具上	18	2.8
没有固定地点	62	9.6
阅读图书的来源		
图书馆借阅	309	48.7
自己购买	154	24.3
网上阅读	114	18.0
向他人借书	13	2.1
家庭藏书	40	6.3
租书	4	0.6
喜欢的阅读方式		
有人导读	58	12.5
有人可以分享	128	27.6
独自沉浸在墨水世界	278	60

在信息社会背景下，数字阅读日益深刻地影响着人们的阅读习惯。本次调查对基层居民的数字阅读情况也进行了考察。如图 3-4 所示，当前基层居民数字阅读所使用的媒介以计算机网络和手机为主，在网上阅读的内容非常广泛。

相对于传统的阅读方式，数字阅读创造了新的阅读方式，形成了新的阅读文化。许多文学作品，尤其是休闲类书籍都可以在网上免费获取或以较低的价格获得。这不仅方便了阅读，也节省了金钱。同时，网络又为人们提供了一个展示才华、发表讨论意见的空间，因此数字阅读正吸引着越来越多的人选择这种新的阅读方式。传统阅读与数字阅读两种阅读方式各有优劣，但二者并不矛盾。网络阅读资源丰富，比较适合查找资料、获取最新消息时使用；对于一些需要字斟句酌、反复思考的经典阅读，传统的纸质阅读则更具优势。但是，无论是网络阅读还是传统阅读，都是获取信息、训练思维、解决问题的过程。我们要把深入细致的传统阅读与快速获取信息的网络阅读结合起来，互相取长补短。

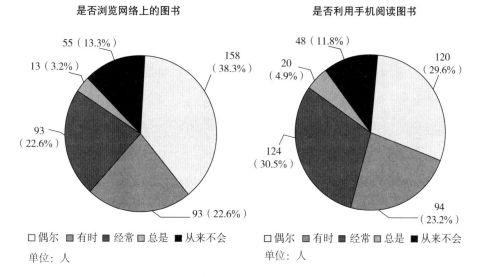

图 3-4　宁波居民数字阅读情况统计

四、图书馆利用情况分析

如图 3-6 所示，宁波地区目前基于集群式城市特征构建的公共图书馆体系已发挥出积极的效益。首先,绝大多数受访者选择访问"家附近的社区 / 乡村图书馆"；

其次，地区公共图书馆作为中心馆，接待了大量读者。这种格局的形成说明，在当前图书馆总分馆体系中，总馆引领作用明显，分馆建设也卓有成效。

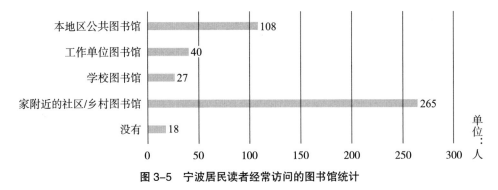

图 3-5　宁波居民读者经常访问的图书馆统计

本次调查对受访者就是否访问图书馆的原因进行了考察，发现在促使基层居民去图书馆的诸多因素中，"环境舒适""藏书丰富"和"离家近"位居前三位，而"离家远""开放时间不方便"是导致读者不来图书馆的主要原因。由此可见，图书馆环境的舒适度、开放时间、藏书的丰富程度和离家距离对宁波地区基层居民是否访问图书馆的影响非常明显。

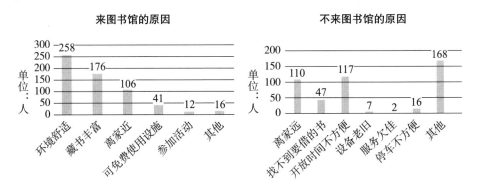

图 3-6　宁波基层居民是否来图书馆的原因统计

五、社区与乡村居民的阅读需求分析

表 3-6 表明，85.8% 以上的受访者对社区和乡村的阅读环境表示满意，有 13.1% 的受访者对阅读环境没有意见，另有 1.1% 的受访者对当前的阅读环境不满意。这表明，多年来不断改进社会阅读环境的工作已经取得了一定的成绩；但在优化阅读环境、提高居民满意度方面还有一定的提升空间。

表 3-6 宁波受访者对阅读环境的满意度调查

调查项目	频率	百分比（%）	有效百分比（%）	累积百分比（%）
非常满意	158	34.1	34.1	34.1
满意	240	51.7	51.7	85.8
无意见	61	13.1	13.1	98.9
不满意	5	1.1	1.1	100.0
合计	464	100.0	100.0	

本次调查还同时考察了基层居民对今后开展阅读活动的期望和建议。如图 3-8 所示，相当一部分受访者认为图书馆今后应该充实图书量、营造友善的阅读环境，以提高阅读活动的效益。此外，受访者也对增加阅读推广相关活动、馆员为读者提供更多阅读指导提出了期望。

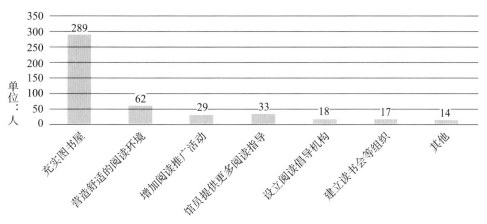

图 3-7 社区和乡村阅读推广活动需加强方面

六、 社区与乡村居民的亲子阅读状况分析

阅读虽不能改变人生的长度，却能改变人生的宽度。亲子阅读能够引领孩子进入知识的殿堂，为孩子打开智慧之门，更为孩子的终身学习保驾护航。父母是孩子的第一任老师，一个好的习惯是在儿童阶段形成的，然而，据图 3-8 调查显示，基层居民亲子阅读状况不容乐观。其中，有 21.2% 的家长从未给孩子买过书，或只是偶尔买书，陪孩子阅读的时间在 30 分钟内的家长（包括不陪的）的占家长总数的 67% 左右，经常陪孩子阅读的家长的比率只占调查对象的 39.9%。

要唤起基层居民对儿童阅读能力培养的重视，增强家长的伴读意识，延长陪伴孩子的阅读时间，做好儿童的阅读启蒙工作。

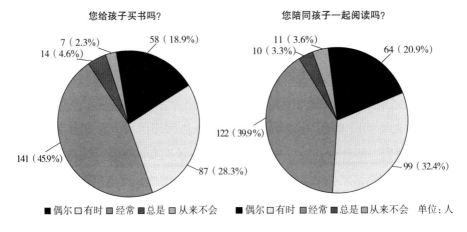

图 3-8　宁波居民陪同孩子阅读时间

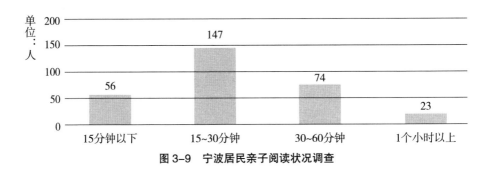

图 3-9　宁波居民亲子阅读状况调查

第三节　满足方式

一、社区和乡村阅读存在的问题

全民阅读推广深刻地影响和改变着居民日常生活的行为和习惯，作为全民阅读重要组成部分的社区和乡村阅读，在发展中也存在许多问题，我们结合调查结果，发现存在以下五方面问题。

（一）基础问题：文献资源

文献资源问题是制约社区和乡村居民阅读的首要问题。文献资源是图书馆正常运行的重要条件。基层图书馆有其特殊性，它的用户基本稳定，文化层次、生活习惯、工作方式基本类似，带有浓厚的地方特色，因此在文献资源的分配上应充分了解基层读者的需要，考虑当地的实际情况。我们在整理调查表后发现，基层图书馆的总藏书量平均在2000~4000册，书籍的更新频次大多数为一年更新一次，极少有基层阅览室一个季度更新一次。整体来说，基层图书馆的文献资源短缺，且更新不及时。通过基层居民提供的改进建议，我们也可以清晰地看到，文献资源是制约基层图书馆发展最为突出的问题。

（二）动力问题：阅读需求

需求是阅读的强大动力。从调查中可知，基层居民阅读认知和实际阅读情况之间并不协调，这其中缺乏了阅读需求的刺激作用。居民对阅读有清醒的认知并不能等同于有阅读需求。人的阅读认知有层次之分，包括浅层认知和深层认知。浅层认知，即对阅读有基础性的了解或明白；深层认知，包括阅读需求、阅读能力、意志力等，是阅读行为产生的前提。对阅读有浅层认知并不一定能够产生阅读行为，只有认知不断深化，形成阅读需求，才会产生阅读的动力。基层居民对阅读有着较高的认知，而这种认知往往是产生于感性认识或口号上的认同，当没有阅读需求刺激时，阅读行为就难以产生。特别是在阅读环境不良的情况下，就更难产生有效的阅读行为。

影响基层居民阅读需求产生主要有以下三个方面的因素：① 识读能力、理解能力、阅读技能较低。基层居民的文化程度偏低，导致可识读的内容和范围非常有限。由于近年来移动阅读的便捷、智能，人们越来越喜欢休闲式的浅阅读，电子阅读占有越来越大的比例。② 精力不足、时间不够。乡村居民多以农业种植与养殖为生，农忙时没有精力和时间看书，若得农闲，则更多地以休闲文体活动打发时间，如搓麻将、打牌、唱歌、跳舞等。社区居民则由于城市工作繁忙且时间紧张，没有太多的闲暇时光。③ 环境有限。受家庭环境、空间、经济条件等因素的影响，居民阅读需求的产生往往力不从心[1]。

（三）硬件问题：服务设施

社区和乡村是中国居民的基本社会结构，而相对应的社区基础性建设也取得了很好的成效，例如定期进行社区医疗服务、建设供居民锻炼身体的体育设施。在加强社区居民身体健康保障的同时，精神文明建设也需要相应地建立起来，而社区和乡村图书馆建设的实施情况却并不是很理想，其相关配套设施和服务设施并不完善。大部分基层图书馆馆舍规模很小，甚至只是借助社区和乡村服务中心的一些办公室等场所，基本无法提供公共图书馆服务。同时，基层图书馆经费不足，服务效率和服务质量差，服务形式单一。由于基层图书馆的经费得不到大力支持，基层图书馆的管理人员与服务人员绝大多数由文化协管员或基层工作人员甚至是闲居在家的居民兼任，难以开展活动以促进基层图书馆发展。此外，随着基层居民阅读方式逐步多样化，对数字阅读的需求越来越高，而基层图书馆缺少配套的电子设备，如数字电视机、电子阅览室、有线无线网络接入等。同时，服务设施也不符合本地的实际情况。如能因地制宜，将会带来意外的效果。例如，少数民族村通常具有特色的文化传统和悠久的文化习俗，因此可采购一些介绍其文化的书籍，选购一些介绍民族歌舞、民族风情等的数字资源，吸引民众接受文化熏陶。

（四）保障问题：管理制度

管理制度是社区与乡村阅读的保障性因素，但是目前仍旧缺乏完善的管理制度，因此制约了社区和乡村阅读事业的发展。我们在调研中发现，基层图书馆的整体利用率并不是很理想，除了以上提到的文献资源、阅读需求、服务设施等存在的问题外，管理制度不完善也是一个不容忽视的问题。基层图书馆的管理包括资源管理和人员管理。资源管理是指对基层图书馆的书籍、报刊等文献资源进行及时上架、保护整理，对服务设施进行定时保养和维护；人员管理，是指基层图书馆管理人员在业务培训合格上岗后，保障图书馆的正常运转，包括按时开馆闭馆、提供图书推荐与咨询、完成图书登记与借还手续等。我们在调查了一些社区和村庄之后发现，有些基层图书馆没有固定的开放时间，甚至有些常年不开放，

---

[1] 胡东，王晓琳.全民阅读背景下农村居民阅读现状及对策研究与工作［J］.图书馆工作与研究，2017（4）：65.

也没有配备专门的人员对图书馆进行管理和维护。在基层居民的改进意见中，"没有专人管理图书室""图书室环境不理想"等多次被提及。因此，建立完善的管理制度来保障基层居民的阅读权益，还是很有必要的。

二、加强社区和乡村阅读文化建设的对策

虽然目前社区和乡村的阅读现状不容乐观，但从调查数据中我们也看到了一些可喜的进步，即社区和乡村居民对阅读的意识和需求在增强，思想是行为的先导。随着公共文化服务体系的构建及各项"文化惠民工程"的实施，社区和乡村居民的阅读状况将会逐步得到改善。

（一）加快服务体系建设，实现公共服务均等化

党的十六届六中全会首次提出了推进城乡公共服务均等化的构想，党的十八届三中全会进而提出"要构建现代公共文化服务体系，实现基本公共文化服务的标准化、均等化"。2015 年出台的《关于加快构建现代公共文化服务体系的意见》指出："把城乡基本公共文化服务均等化纳入国民经济和社会发展总体规划及城乡规划。根据城镇化发展趋势和城乡常住人口变化，统筹城乡公共文化设施布局、服务提供、队伍建设、资金保障，均衡配置公共文化资源。"

实现城乡公共服务均等化，加强社区与乡村阅读文化建设。其一，服务设施标准化，即基于当前社区和乡村公共产品和服务的供给现状，制定基层综合性文化服务中心、农家书屋等公共文化服务设施建设和资源配置的全国标准，推进全民阅读公共文化设施建设的规范化、标准化。由中央政府主导、地方政府实施，如社区阅览室、农家书屋等政府文化工程在"十三五"期间已提出建设要求。其二，投入平均化，即按照城乡居民人口规模平均地分配公共文化资源。均等化意味着过去数十年城乡间严重失衡的公共文化投入体制将回归公平取向，城市和乡村在公共文化事业经费中所占比重将呈现此消彼长的态势。统筹规划，合理布局，进一步加大城乡基层全民阅读设施建设力度。加快促进城乡基本公共文化服务均等化，实现农村、城市社区公共文化服务资源整合和互联互通，以创新管理机制、提升服务效能为重点，探索长效管理机制。其三，充分发挥各级各类图书馆在阅读推广中的重要作用。加强出版物发行网点建设，特别是农村和社区网点建设，

支持实体书店、书报亭、高校书店等各类阅读设施的发展，发挥其促进全民阅读的公益功能。在充分利用现有设施的基础上，统筹建设社区阅读中心、数字农家书屋、公共数字阅读终端等设施。

（二）发挥政府主导作用，争取地方政策支持

地方政府领导首先要更新观念，提高认识，要确立政府主导作用和机制保障作用，实现社区与乡村物质文明和精神文明同步协调发展，要将农村文化建设纳入政府考核机制，将"文化建设不达标"作为社区与乡村评选创优的"一票否决制"，要为其制定相应的硬件指标并坚决执行，杜绝应付检查、突击装备，甚至虚报瞒报等。将社区与乡村图书馆建设纳入当地政府议事日程，做到在政策、投入、管理上的"三到位"，发挥主体推动作用，统筹安排，合理规划[①]。

（三）加大财政投入力度，做好基础设施建设

建设社区和乡村图书馆，做好全民阅读工作，与社区、乡村居民的互动必不可少，开展知识讲座、新书发布、图书漂流等活动，都是促进社区和乡村图书馆发展的良好途径。而每一项活动的背后都需要经费的支持，这正是当下基层图书馆面临的最大的问题。做好社区和乡村居民阅读工作仅仅依靠社区和乡村是不够的，还需要政府财政支持，做好基础工作，包括图书购置，更新馆藏图书，使图书内容、质量能够满足现代居民的阅读需求，完善馆舍及基本阅读设施的添置和更新。

（四）获得社会各界支持，众力扶持居民阅读

全民阅读是党和政府着力打造的提升全民素质的一项重大工程，李克强总理在连续两年的《政府工作报告》中都提到"全民阅读"，因此，做好全民阅读工作是全社会的事情，而做好社区和乡村居民阅读更需要社会各界的投入。公共图书馆应把阅读活动主动向基层延伸，实现公共图书服务进社区；文化部门和学校应主动介入，努力以实际行动支持社区和乡村阅读；企业家和有识之士应通过捐款、捐书、捐物等行动来支持社区和乡村阅读。

（五）合理配置文献资源，及时更新与完善

在配置社区和乡村图书馆文献资源时，应充分考虑地区的实际需求和地方特

---

① 程凤妹. 关于乡镇社区图书馆建设和发展的思考［J］. 内蒙古科技与经济，2013（20）：13.

色，也要考虑到基层居民的业余型阅读需求、专业型阅读需求和社会型阅读需求，合理配置、有效利用。同时，加快文献资源，特别是纸质文献资源的流转速度，每年定期或不定期更新，对于居民想看但是暂时没有在库的图书，应及时补充。完善文献传递和馆际互借服务，建立与省、市、县、乡镇公共图书馆的有效流通，切实为基层居民提供高效便捷的服务。

（六）加强网络互联建设，加快推进数字化建设

完善基础设施建设，科学合理地规划社区和乡村图书馆。特别需要指出的是，随着网络技术和数字通讯的发展，数字化阅读方式越来越普及，基层图书馆在条件允许的情况下，应向居民提供数字化服务，配备相应的数字化设备，如电脑、网络接口、电子阅读器等。在此基础上，为基层居民提供技术培训与教育，如计算机技能、电子邮件基本技能、互联网技能和无线网络技术等，提高基层居民的技术能力和水平。

（七）建立志愿者队伍，推广基层阅读活动

建立志愿者队伍，为推广基层阅读活动提供资源、技术、智力等支持和帮助。志愿者队伍是指在不计任何物质报酬的前提下，自愿宣传与推广基层阅读的相关人士。在志愿者队伍中，公共图书馆员应作为主导，这是由公共图书馆的职能与馆员的特长所决定的，也是公共图书馆对基层图书馆关怀政策的必然体现。通过这种联合带动的方式，让更多的基层居民参与到阅读中来，这样既能满足社区和乡村居民的阅读需求与文化需求，也能实现公共图书馆员的自身价值，更能体现当代公共图书馆的人文主义情怀。

（八）推动文化活动分享，实现资源共享

在"基层居民希望开展的活动"中，电影、歌舞、讲座、展览占据了前四位。对于社区和乡村来说，讲座、展览、电影等资源较少，形式单一，不能很好地满足基层居民的需要。应大范围地推动文化活动分享，提倡建立一个公共平台，公布各级图书馆、文化馆、博物馆等文化、企事业单位的讲座、展览等活动，及时更新、信息共享。各社区、行政村可在平台上查询自己需要的活动，讲座可刻录成碟、展板可循环利用、歌舞可网络点播等，真正实现大范围内的资源共建共享，

为推动社区和乡村阅读创造良好的文化氛围。

（九）建立监督评测机制，完善相关管理制度

按照《公共图书馆服务规范》（DB33/T 2011-2016）、《宁波市乡镇（街道）图书馆建设与服务规范》的相关要求，社区和乡村参照执行。对于现有的关于社区和乡村图书室的有关项目与规定，进行总结、分析、调整和评估，以保证项目本身的合理性，监督各社区和乡村落实与执行。应建立相关的评估制度，以检验项目的成效，看是否满足了广大基层居民的文化需求，能否促进社区和乡村文化发展，能否推动基层文化建设。同时，继续完善社区和乡村图书室的相关管理制度。如《基层图书馆管理员制度》《基层图书馆图书借阅制度》《基层图书馆管理制度》等，实现社区和乡村图书馆信息的公开与共享，保证基层图书馆高效运行。

（十）转变居民阅读观念，投入全民阅读活动

创新读书形式，丰富学习载体，通过广泛组织开展读书交流会、读书征文、读书演讲、读书沙龙等形式多样的读书活动，引导社区和乡村居民爱读书、读好书、善读书，使创建"书香社区"成为全体居民的自觉行动。社区和乡村在组织好阅读活动的同时，应侧重引导居民转变自己的思想观念，积极参与读书活动，使大家充分认识开展读书活动的重要性和必要性，学会阅读，爱上阅读，让阅读成为一种常态，融入到生活中去，真正把读书学习当成一种生活态度，一种工作责任，一种精神追求，以读书求新知，以读书促进步，推动社区和乡村形成"爱读书、读好书、善读书"的良好风气[①]。

总结

当前，我们高度重视社区和乡村的文化建设，大力实施"文化惠民工程"，加快建设基层图书馆，极大地丰富了农民群众的阅读生活。但社区和乡村的阅读现状存在着文献资源短缺、阅读需求不足、服务设施不完善、管理制度不健全等问题。改善基层阅读、提高基层阅读率是一项长期、迫切且系统的工作，不能一

① 耿静.全民阅读背景下社区阅读的现状、问题与对策［J］.淮海工学院学报（人文社会科学版），2018（6）：107.

蹴而就。我们应清醒地认识到问题所在，不断加强社区和乡村文化建设，特别是阅读文化建设。积极争取地方政策支持，实现公共文化服务均等化，既要加强文献资源建设、基础设施建设和管理制度建设，也要建立志愿者团队，积极推动文化和资源共享。充分发掘基层居民的阅读需求，营造良好的阅读氛围，实现文化事业的繁荣。

第四讲

社区与乡村阅读推广的条件与保障

阅读推广是一项系统工程，需要有良好的保障和各方的支持，本讲将从阅读空间设施、阅读资源体系、阅读品牌活动、阅读推广人、社会力量参助等五个方面对社区与乡村阅读推广的条件与保障展开论述。

第一节　阅读空间设施

一、乡村阅读空间设施

现阶段我国乡村阅读空间设施主要包括农家书屋、文化礼堂和民办图书馆等，其中以农家书屋为主。近年来，我国各级政府高度重视乡村阅读空间设施的建设，出台了相应的管理性文件，阅读推广在农村取得了积极成效。

（一）农家书屋

2007 年，新闻出版总署、中央文明办、科技部、国家发展和改革委员会、财政部、民政部、农业部、国家人口和计划生育委员会等八个部门联合发布《"农家书屋"工程实施意见》（以下简称《意见》），开启了我国建设"农家书屋"的热潮。在这个《意见》颁布之前，我国的"农家书屋"建设相对滞后，国家各级政府对"农家书屋"的重视程度相对不够。自从 2007 年联合发布《意见》之后，从国家层面开始全面推动这项工作。在《意见》中明确提出，"农家书屋"可供借阅的

61

实用图书不少于 1000 册，报刊不少于 30 种，电子音像制品不少于 100 种（张）。在此基础上，可增加一定比例的网络图书、网络报纸、网络期刊等出版物 ①。为了更好地将《意见》落实到位，2008 年，八个部门委托新闻出版总署制定了《农家书屋工程建设管理暂行办法》（以下简称《办法》）②。在该《办法》中又将农家书屋的建设标准有所提升，规定农家书屋可供借阅的实用图书不少于 1500 册，品种不少于 500 种，报刊不少于 30 种，电子音像制品不少于 100 种（张），并具备满足出版物陈列、借阅和管理的基本条件。

以上是我国国家层面"农家书屋"建设的有关意见和办法。各省根据国家政策都制定了适合自己发展的"农家书屋"工程建设管理工作的意见或相关办法。2013 年 8 月，浙江省八个部门联合发布《浙江省农家书屋建设管理暂行办法》，规定必须满足国家的《办法》，同时要求每年必须更新不少于 100 册的图书、20 种报刊及 20 种音像制品 ③。除了对文献信息资源的这些规定，浙江省还要求"农家书屋"应按照"1234"规范化管理模式进行管理，即：一枚公章（浙江省农家书屋专用章）、两块牌子（农家书屋标牌、农家书屋开放时间牌）、三项制度（农家书屋管理制度、农家书屋管理员工作细则、农家书屋借阅制度）、四个本子（出版物目录登记本、农家书屋固定资产登记本、图书借阅登记本、征求意见本）。悬挂统一标牌，公开管理制度和借阅制度，做到各项制度上墙。

2016 年 9 月，湖北省发布《关于加强农家书屋工程建设管理工作的意见》，规定"农家书屋"图书不少于 1200 种 1500 册，报刊不少于 20 种，电子音像制品不少于 100 种（张）④。国家新闻出版广电总局重点推荐目录品种和册数所占比例均不得低于 70%，图书结构比例为政经类占 4%、科技类占 40%、生活类占 10%、文化类占 35%、少儿类占 10%、其他类占 1%。可见，湖北省在"农家书屋"建设时不仅对藏

① 关于印发《"农家书屋"工程实施意见》的通知［EB/OL］.［2018–05–28］. http：//www.gov.cn/zwgk/2007–03/28/content_563831.htm.

② 农家书屋工程建设管理暂行办法［EB/OL］.［2018–05–28］. http：//www.china.com.cn/policy/txt/2008–09/19/content_16506878.htm.

③ 关于印发《浙江省农家书屋建设管理暂行办法》的通知［EB/OL］.［2018–06–13］. http：//www.zrt.gov.cn/art/2013/8/23/art_1301_19751.html.

④ 关于加强农家书屋工程建设管理工作的意见［EB/OL］.［2018–06–18］. http：//www.hubei.gov.cn/zhuanti/2016zt/hbnjsw/xwdt/swzcfg/201609/t20160918_898136.shtml.

书量有要求，而且还对图书结构有严格要求。为了鼓励"农家书屋"建设，湖北省每年积极开展"模范农家书屋"创建、"优秀管理员"和"星级读书户"评选活动。

2013年12月，江苏省新闻出版局等在内的18个部门联合发布《关于实施农家书屋提升工程的意见》，要求做好江苏省农村阅读推广工作[①]。"农家书屋"藏书的选择上，国家新闻出版广电总局《推荐目录》列入的品种和数量比例为50%，江苏版出版物的比例为40%，自主选择出版物的比例为10%。

随着国家和各级政府对"农家书屋"建设的重视，"农家书屋"的建设也越来越好。目前许多经济发达省份的"农家书屋"建设已经迈入了数字化建设阶段。现阶段阅读设施一般包括：图书、报刊、电子音像品、计算机、书桌、防火设备、一定的建筑面积、悬挂统一标志牌和相关管理制度。"农家书屋"中的图书一般不低于1500册，品种较多，定期更换；报刊不低于20种，定期更换；电子音像品不低于100种（张）；计算机一般要求至少有一部联网；书桌若干，一般二三十张；防火设备是必需品，要确保读者的安全；室内面积一般不低于20平方米，最好能召开村里的一些会议；统一标志牌，必须悬挂"农家书屋"牌；相关管理制度一般包括"农家书屋"管理制度、"农家书屋"管理员工作细则、"农家书屋"借阅制度等，并要求制度必须上墙。

（二）文化礼堂

2013年，浙江省农民人均纯收入已连续29年位居全国各省、自治区之首，在经济富裕的基础上需要实现精神富裕。从2013年开始，浙江把建设农村文化礼堂列为当年要办的"十件实事"之一，让文明之风播进农民心田。"文化礼堂工程"成为浙江建设"两美""两富"的重要抓手。截至2017年底，浙江省已建成文化礼堂7916个，力争到2020年，在浙江全省建成文化礼堂1万个，惠及80%的浙江村民[②]。

文化礼堂是丰富村民精神文化生活、宣扬良好家风的场所，在现阶段，文化礼堂也是非常适合阅读推广的，一是其定位与阅读很契合，二是其空间布局比较适合阅读推广。在许多文化礼堂中都专门摆放图书供村民借阅。文化礼堂与阅读

---

① 关于实施农家书屋提升工程的意见［EB/OL］.［2018–06–18］. http://www.suqian.gov.cn/cnsq/sxzc/201611/0f16904401e9493b8eb08e2a98f93eab.shtml.

② 浙江农村文化礼堂［EB/OL］.［2018–06–18］. http://zt.hz66.com/2017/jsjy.

结合最多的是一些阅读推广活动。2014年9月，浙江开展全民阅读走进杭州农村文化礼堂活动，在农村文化礼堂共举行了40场巡展巡讲活动，内容非常丰富，包括科技、教育、法治、文艺、民俗等。2018年4月，温州市龙湾区各文化礼堂举办亲子阅读活动，分设"魔法书互动""故事分享"与"亲子魔法书制作"三个环节，培养读者养成爱读书、好读书、读好书的习惯。

根据2017年10月1日起施行的《农村文化礼堂建设标准》的规定，文化礼堂应包括礼堂、讲堂、展示展览用房、文体活动用房和辅助用房[①]。其中文化礼堂的文体活动场所包括电视室、电脑室、阅览室、谈心谈话室、排练室、乒乓球室、书画室、保健室等，同时还对建设指标（表4–1）、用地指标（表4–2）和建筑面积配比例（表4–3）等有规定。

表4–1　农村文化礼堂建设指标

类型	建筑面积（m²）	参考服务人口（人）
一类	≥ 1000	≥ 2000
二类	≥ 500，＜ 1000	≥ 1000，＜ 2000
三类	≥ 200，＜ 500	＜ 1000

表4–2　农村文化礼堂建设用地指标

类型	建筑面积（m²）	用地总面积（m²）
一类	≥ 1500	≥ 2000
二类	≥ 750，＜ 1500	≥ 1000，＜ 2000
三类	≥ 300，＜ 750	≥ 400，＜ 1000

表4–3　农村文化礼堂建筑面积配比例（%）

序号	分项内容	一类	二类	三类
1	礼堂	30~40	40~50	60~80
2	讲堂	10	15	0~15
3	展示展览用房	15	15	0~10
4	文体活动用房	20~30	10~20	10~15
5	辅助用房	15	10	10

---

① 关于批准发布《农村文化礼堂建设标准》的通知［EB/OL］.［2018–06–18］. http: //www.zjjs.com.cn/n71/n72/c357767/content.html.

（三）民办图书馆

我国有许多民办图书馆，分个人形式和公司形式两种。一般个人形式的民办图书馆规模较小，其阅读空间及设施相对简陋，包括空间大小不一的书库、一些桌椅和书籍。我国个人形式的民办图书馆有许多是通过网上众筹的方式来建设完成的。如孙世祥公益书屋的馆舍由村委免费提供，图书、书柜、桌椅、工作电脑、投影仪等通过网上众筹的方式来完成[①]。公司形式的民办图书馆规模相对较大，主要体现在阅读空间较大、书籍较多、桌椅也较多，还有消防设施等。如"第二书房"是以家庭亲子阅读为主题的会员制连锁图书馆（阅读空间），集合了图书馆、咖啡厅、活动室、展览展示等功能，总面积 1000 多平方米，其中图书馆部分 300 多平方米，图书 12000 册[②]。

二、社区阅读空间设施

社区是若干社会群体或社会组织聚集在某一个领域里所形成的一个生活上相互关联的大集体，是社会有机体最基本的部分，是宏观社会的缩影。社区阅读空间一般是指最基层的图书阅读空间，一般包括街道图书馆、社区图书阅览室，以及公共图书馆为推广阅读与咖啡店、汽车 4S 店、银行和地铁等合作开辟的阅读空间。社区阅读空间比较有代表性的是社区图书阅览室和城市书房。

（一）社区图书阅览室

社区图书阅览室一般可分为公办和民办两种。公办的社区阅读空间主要包括政府出资的图书室和流动图书馆。公办社区阅读空间设施并没有严格的标准，一般面积在 30 平方米以上，藏书在几百到几千册，配备一定数量的桌椅、图书借还设备等。如山东省泰安市泰前街道广生泉社区阅览室的面积为 30 平方米，图书约 2000 册，5 台电脑和相应的书桌，并配有专人管理[③]。泰安市各级图书馆、文化

---

① 阅读改变乡村——到最美的乡村建最美的公益图书馆［EB/OL］．［2018–06–30］．http：//www.
　　zhongchou.cn/deal–show/id–292003.
② 父母学堂，儿童书馆——第二书房北京金中都图书馆开馆［EB/OL］．［2018–06–30］．http：//
　　www.zhongchou.cn/deal–show/id–17595.
③ 社区图书室门庭冷落到何时［EB/OL］．［2018–06–30］．http：//epaper.qlwb.com.cn/qlwb/content/
　　20150427/ArticelS08002FM.htm.

馆、乡（镇、街道）综合文化站、村文化大院（社区文化中心）、青少年宫、工人文化宫、妇女儿童活动中心，有条件的中小学、各高等院校及其他企事业单位，已全部建成规范化的、面向社会免费开放的公共电子阅览室。

民办社区图书阅览室是对基层公共文化服务体系建设的有益补充，对于丰富基层民众精神文化生活，推动图书馆事业发展有着积极意义。如 2003 年北京市出现了首家民办社区图书馆——北京科教图书馆，服务面积 1000 多平方米，有图书、影碟、期刊 10 万多种，全年 365 天不休息，产生了良好的社会效益。

（二）城市书房

城市书房是由政府主导、社会力量合办，依托各级中心图书馆，采用自动化设备和无线射频技术，实现一体化服务，具备 24 小时开放条件的场馆型自助公共图书馆①。城市书房的选址宜位于一楼临街、人口集中、交通便利、环境相对安静、市政配套设施条件良好的区域。城市书房设有一般借阅区、少儿借阅区、视障服务区、便民服务区等，要求面积在 150~300 平方米。温州市的《城市书房服务规范》要求城市书房应配备兼职、具有专业背景的工作人员和兼职安保人员和清洁员等，同时要求基本馆藏不少于 8000 册，包括图书、期刊、报纸等，年更新数量不少于总藏量的 50%。2017 年底温州市区全面建成 34 家城市书房，其中，已对外开放 28 家，共接待读者 206 万人次，外借图书 134 万余册，办理读者证 4.99 万个，图书流通率为 382%。除了温州，我国北京、扬州和平顶山等地都在建设城市书房，并参考和拓展了温州城市书房的发展模式，并在全民阅读推广中取得了良好成效。

总体来说，随着我国社会经济的不断发展，文化事业也越来越受到各级政府的关注，社区与乡村的阅读空间设施不断改善，阅读网点不断增多，阅读推广配套设施不断提升，社会参与面不断提高，有利地促进了全民文化素质的提升。

---

① 温州正式出台《城市书房服务规范》［EB/OL］.［2018–06–30］. http：//news.66wz.com/system/2017/12/16/105050411.shtml.

第二节　阅读资源体系

阅读资源体系是为了满足读者的图书信息等相关需求而提供的一系列的资源,并且随着读者需求的变化而进行不断地调整[①]。社区与乡村的阅读资源体系并没有多大的区别,特别是随着数字"农家书屋"建设和公共电子阅读室计划的实施,社区与乡村的阅读资源体系趋于一致。总体来说,现阶段我国社区与乡村的阅读资源体系可分为两部分:数字阅读资源体系和纸质阅读资源体系。

一、数字阅读资源体系

(一)概况

一般而言,数字阅读资源体系是指为了满足读者的信息化需求,更好地了解外面的世界,以及弥补纸质阅读资源体系的不足,而向读者提供的网络资源。据2018年4月18日发布的《第十五次全国国民阅读调查报告》显示,2017年我国成年国民包括书报刊和数字出版物在内的各种媒介的数字化阅读方式(网络在线阅读、手机阅读、电子阅读器阅读、Pad阅读等)的接触率为73.0%,较2016年的68.2%上升了4.8个百分点[②],可见数字阅读越来越受到社会大众的喜爱。随着人们阅读方式的转变,目前我国社区与乡村图书馆也在不断提升阅读资源体系建设,现在社区阅读室与农家书屋基本都配备了联网计算机,甚至开通了Wifi,让读者能方便地访问数字资源。同时,各地还借助"移动互联网+图书馆"的模式,不断提升社区与乡村数字阅读资源建设水平。

(二)数字阅读资源体系分类

现阶段,我国社区与乡村的数字阅读资源体系可分为学术型、娱乐型、科普型、应用型和培训型。学术型资源是为读者提供学术研究所需要的资源,主要为

---

① 张文亮,唐姗姗.公共图书馆数字阅读资源体系建设研究——以辽宁省为例[J].公共图书馆,2017(2):42–46.

② 第十五次全国国民阅读调查报告[EB/OL].[2018–06–24].http://media.people.com.cn/n1/2018/0424/c14677–29944888.html.

从事科研工作的读者服务 ①，比较常见的有中国知网 CNKI 数据库、万方数据库和维普数据库等。娱乐型资源是指使读者放松、休闲娱乐生活的资源 ②，内容和形式多样，包括漫画、小说、诗歌、散文和音像资源等。如大量的电子图书期刊、音像等。娱乐型资源也是最受读者欢迎的资源，使用率最高的资源。科普型资源向公众科学普及各方面知识、让公众接受并理解 ③，包括天文、百科地理、医学、工业、百科知识等。科普型资源能帮助向偏远乡村的读者进行科普宣传。应用型资源主要是大众读者最关心的，在实际生活中能够应用得上的一些知识 ④。培训型资源主要针对一些就业创业等职业培训 ⑤，读者通过网络书籍或视频学习自我创业或者就业的相关知识。

（三）数字阅读资源体系建设

数字阅读资源体系建设主要包括政府采购和自建两项。政府采购主要是基于读者的需求和兴趣爱好而有目的地采购一些数字资源。自建数字资源是建设数字阅读资源体系另一项非常重要的工作。根据本地的文化资源优势，本地政府和文化机构积极挖掘整理，这既是对本地优秀文化的保存，同时又能丰富社区与乡村的数字资源。如宁波市图书馆依托馆藏资源，建设了馆藏地方老报纸数据库、《申报》宁波史料数据库、《四明丛书》全文数据库、宁波文史资料数据库等 7 个具有宁波本地特色的数据库。宁波鄞州区发挥自身优势，制作《走马塘》《义乡鄞州》《服装里的鄞州》等 6 个动漫视频，建立沙耆、沙孟海、沙文汉、陈修良等多个地方文化名人专题库。宁波市宁海县制作各类型家谱数据库，共制作家谱 45 套 400 余册，为宁海县文化资源建设作出了重要的贡献。宁波慈溪市着力制作慈溪籍作者数据库，对研究当地历史文化产生了重要影响。

---

① 张文亮，唐姗姗. 公共图书馆数字阅读资源体系建设研究——以辽宁省为例［J］. 公共图书馆，
　2017（2）：42–46.

② 同上。

③ 同上。

④ 同上。

⑤ 同上。

二、　纸质阅读资源体系

纸质图书作为一种较为传统的阅读方式，更加侧重阅读体验，同时受到阅读习惯影响，纸质阅读更容易引发读者思考，进而更有利于读者对知识的吸收和掌握，因此，即便受到数字资源的冲击，纸质图书依然为很多读者所喜爱。社区与乡村阅读推广中的纸质阅读资源体系是指社区及乡村图书馆为读者提供的图书、期刊、报纸等纸质资源。关于社区与乡村纸质阅读资源建设，国家和各级政府都有明确规定，也在上一节"阅读空间设施"中有重点论述。整体而言，社区图书馆比乡村图书馆的纸质阅读资源更丰富，更换也更为频繁。民办图书馆相对公办图书馆，提供的纸质阅读资源会丰富些，许多民办图书馆希望通过提供更丰富、更有吸引力的纸质资源来吸引读者，产生良好的社会效益。如深圳青番茄文化传播有限公司推出了"In Library"计划，为合作的咖啡店提供大量的书籍，而且这些书籍一般都是当下比较热门的图书[①]。目前，我国民间图书馆的藏书数量多寡不均，藏书数量在 1000 册及以下的占 5.8%，1 万册及以下的占 70.9%，藏书量均值为 11415 册，而中位值为 6030 册，众值为 1 万册，标准差 13432 册[②]，可见，民间图书馆纸质藏书量的差异非常大。现阶段，政府应出台相关政策，进一步提升社区与乡村图书馆的纸质藏书数量与质量，建立互为补充、不断更新的纸质阅读资源体系。

总体而言，目前我国社区与乡村都已建立了丰富的阅读资源体系，数字资源阅读体系和纸质阅读体系也在不断完善中。但相对来说，乡村数字资源阅读体系建设相对薄弱，有待加强。

第三节　阅读品牌活动

品牌，英文"brand"，原意是用于区别不同的饲养者而在动物身上盖章，起到

---

① 刘艳.公共图书馆构建城市公共阅读空间的策略研究——基于深圳"In Library"与北京特色阅读空间的比较分析［J］.图书馆研究与工作，2018（1）：55–59.
② 王子舟，吴汉华.民间私人图书馆的现状与前景［J］.中国图书馆学报，2010（5）：4–13.

识别和证明的作用。随着社会经济的发展，不同服务之间的竞争不断加大，于是为了区别不同产品、服务而引入了"品牌"这一概念。品牌是一个名称、术语、标记、符号或设计，或这些元素的组合。品牌管理由管理元素和流程组成，其中管理元素包括品牌名称、品牌标识、品牌组合等，品牌流程包括品牌定位、品牌运营、品牌评估和品牌传播等。良好的品牌建设，有助于全民阅读的推广。阅读品牌活动，即将一个阅读品牌化，一般包括品牌设计、品牌管理和品牌传播三个步骤[①]。

一、品牌设计

图4-1　北京阅读季标志

品牌设计包括主题设计、方案设计和识别要素。

主题设计是一个阅读推广活动的主要诉求点。如"书香中国·北京阅读季"已举办了8届，由北京市政府主办，其活动主题分别是"快乐阅读，幸福生活""弘扬北京精神，共享全民阅读""助飞中国梦""同绘中国梦""点亮中国梦""领读北京"等。

方案设计指如何将主题活动落实到位，由一系列的活动所组成。"书香中国·北京阅读季"是由北京市政府发起的，该活动非常重视社区阅读推广，认为社区阅读推广是全民阅读推广的基石，只有做好了社区阅读推广，才能够真正将全民阅读落实到位。所以"书香中国·北京阅读季"活动贴近社区读者，举办活动场次逐年增加，参与人数也屡创新高。

识别要素包括品牌名称和标志，有字母型、图案型和综合型等类型，能方便读者记忆和联想。"书香中国·北京阅读季"由地域、行业和时间组成，既表示政府层面的重视，又点明了是为了图书阅读推广活动。图4-1为第五届北京阅读季标志，左边一个大"阅"字的繁体字，点明这是阅读活动；右边分为中、英文

---

① 司新丽. 以品牌化运作创新城市阅读推广模式——以书香中国北京阅读季为例［J］. 图书馆杂志，2017（14）：85–93.

两部分，表明北京是个国际都市，同时也清楚表明这是第五届（5th）北京阅读季。

二、品牌管理

品牌管理是对品牌进行运营和管理的过程，主要包括推广机构、专业队伍、品牌整合等。

推广机构是指专门为推广阅读活动而联系的各个组织。如"北京阅读季"活动由专门的领导小组办公室主持，同时有北京人民广播电台和北京大阅文化传播有限公司等承办单位，更有百万庄图书大厦、皮卡书屋、飞芒书房、爱丁岛绘本馆、一起悦读俱乐部、东方出版传媒公司、接力出版社、漓江出版社等协办单位。除此之外，北京阅读季还邀请了社区图书馆等，构成全民阅读推广体系[①]。

专业队伍是指为推广阅读而进行专门训练的人员。"北京阅读季"对参与活动的 16 个区基层社区的代表和阅读季部分合作机构的代表进行专业的培训。培训内容包括阅读推广主题、阅读推广活动的安排及注意事项等。

品牌整合是指为了更好地落实阅读推广活动，主办方举办的各种品牌活动。如"北京阅读季"活动期间开展的"十佳阅读社区""十佳阅读家庭"和"十佳阅读推广人"等评选活动。通过开展相关的评奖活动吸引人气，与"北京阅读季"主品牌互动。

三、品牌传播

品牌传播是指加深消费者对品牌印象和认识的过程。社区与乡村阅读推广的品牌活动包括名人效应和媒体平台。

名人效应能吸引读者的眼光，让更多人因为名人而关注图书阅读活动，参与到阅读中来。如 2018 年"北京阅读季"邀请了知名朗诵艺术家殷之光、陈铎，2017 中国好书奖作者《中关村笔记》作者宁肯，北京人民广播电台主持人小雨姐姐、郭炜等社会知名人士现场为阅读代言。所以社区与乡村图书馆在进行阅读推广活动时也可考虑邀请当地具有一定知名度的人士参与，提升读者的活动参与程度。

---

① 北京阅读季领读者培训发力社区阅读推广［EB/OL］.［2018–08–15］. https：//www.sohu.com/a/164864118_210950.

媒体平台对整个阅读推广期间的活动进行跟踪报道,从而提升活动的知名度。如 2017 年"北京阅读季"活动与北京日报、北京人民广播电台读书俱乐部、新京报、中国新闻出版广电报、中国文化报、北京晚报、北京青年报、北京晨报、北京电视台、中央人民广播电台、中国出版传媒商报、新浪网、腾讯网、人民网、新华网、千龙网、网易云阅读等新闻媒体合作,全程、全方面进行宣介。社区与乡村图书馆在进行阅读品牌推广活动时,可邀请当地电视台、报纸、政府单位等参与,通过他们的媒介渠道向社会推广。

总体来说,现阶段我国社区与乡村阅读推广方面的知名阅读品牌活动还比较少,社会影响力有待加强。

第四节　阅读推广人

一、阅读推广人的兴起及其概念

随着政府和社会对全民阅读越来越重视,更多的人自发参与到阅读推广中来,这对阅读推广需要有一定专业知识和业务技能的人来开展针对性的活动提出了要求。在这一背景下,阅读推广人应运而生。阅读推广人的职责是推广阅读,传递阅读价值观念,帮助他人尤其是青少年培养必需的阅读兴趣与高尚的阅读品位,获得阅读能力、思辨能力和批判能力。阅读推广人关注市民的阅读兴趣培养和阅读能力建设,推动他人从"爱读"走向"会读",同时还关注阅读公平,为推动弱势群体阅读创造条件。

现阶段我国阅读推广人主要来自四个领域:书店、书屋等阅读空间的运营者;读书会等阅读活动的策划人;阅读内容的遴选者,如媒体平台上从事图书推荐的编辑、从事阅读研究的高校专家;阅读服务的提供者,如图书馆工作人员等。近年来,随着全民阅读的蓬勃兴起,阅读推广人越来越受到政府和社会的关注,各级政府和社会组织开始对阅读推广人员开展专门培训,出现了专业阅读推广人员。深圳是我国第一个由政府牵头组织阅读推广培训的地方,随后越来越多的政府单位组织了专业阅读推广培训，并取得了明显成效。

在我国阅读推广发展过程中，对"阅读推广人"有过三个定义，分别是深圳市、中国图书馆学会和张家港市 ①。按照《深圳市阅读推广人管理办法》的定义，阅读推广人是指个人或组织阅读机构，通过多种渠道、形式和载体向公众传播阅读理念、开展阅读指导，提升市民阅读兴趣和阅读能力的专业和业余人士。

2012 年 3 月，《张家港市阅读推广人管理暂行办法》第一条指出："阅读推广人是指不以物质报酬为目的，热心阅读推广工作，具备一定阅读推广知识、技能，自愿为社会公众开展阅读指导辅导、传授阅读方法、播洒阅读种子的人。" 2013 年 6 月，《张家港市阅读推广人资格认证管理制度（试行）》规定，从事阅读推广公益性服务的群众性阅读推广人队伍，分为阅读推广员和阅读推广师。阅读推广员指热心阅读推广工作，具备一定的阅读推广知识、技能，自愿引导市民参与利用阅读资源，或协助全民阅读推广师组织策划各项活动，为阅读推广活动的顺利进行提供辅助性服务的人。阅读推广师则指运用自身专业知识技能，面向广大市民传授阅读技巧，分享阅读经验，提升阅读能力，提供专业化、规范化阅读指导的人。

2014 年，中国图书馆学会给"阅读推广人"下的定义是：具备一定资质，能够开展阅读指导、提升读者阅读兴趣和阅读能力的专职或业余人员。

从以上三个单位对"阅读推广人"概念的解读可知，阅读推广人必须具备以下素质：具备一定的资质或具备一定的阅读推广知识和技能；自愿为阅读推广提供服务；能进行专业的阅读指导工作；能起到提升读者阅读兴趣的作用。根据阅读推广人的定义，可从狭义和广义两个层次来理解。狭义的"阅读推广人"是指受过政府组织在阅读推广领域的专业培训，并且获得相应证书的人。广义的阅读推广人是指为阅读推广做出贡献的个人、组织或团体等，而且不应以是否营利为划分标准。

我国基层阅读推广人应为广义的"阅读推广人"概念，即不以营利为目的，只要是促进全民阅读的个人、组织或团体都可以。阅读推广人在基层的阅读组织及各类阅读推广活动，一定程度上弥补了基层图书馆阅读推广服务的不足，推动阅读重心下移，真正实现了阅读走向基层、走进民间。但目前我国基层阅读推广

---

① 张章.阅读推广人培训的现状与展望——以中国图书馆学会阅读推广人培育行动为例［J］.图书馆杂志，2016（8）：36-41.

人的知识结构和业务技能亟待向专业化、系统化方向转变，以进一步提升阅读推广的服务效能。

二、阅读推广人培训

（一）培训机构

目前我国提供阅读推广人培训的有政府部门、学会、个人、民间机构等。有许多政府部门开始提供专业的阅读推广人培训，如上海市、深圳市、张家港市、江阴市、烟台市等。政府部门是我国阅读推广人培训的主体和推动者，为所在区域的阅读推广活动培养专业人才。上海市将阅读推广人根据不同的读者群体划分为儿童阅读推广人（1~6岁读者）、少年阅读推广人（6~14岁读者）、青年阅读推广人（主要针对在校大学生）、老年阅读推广人、盲人阅读推广人、数字阅读推广人等，从而提供有针对性的培训。中国图书馆学会也是我国阅读推广人培训的主力军之一，并指导相关单位和社会团体开展阅读推广培训。此外，个人及民间机构也参与到阅读推广人培训中来，他们主要是为一些阅读推广爱好者提供培训，但个人和民间机构提供的阅读推广人培训主要面向儿童阅读。

（二）培训内容

阅读推广人培训的内容一般包括基础理论、阅读推广实践课程、教学展示、交流活动等。如上海市图书馆的阅读推广人培训采取"3+X"模式，即固定课程、实践课程、教学展示和根据课程需要进行相应的交流活动。中国图书馆学会的培训内容包括阅读推广基础工作、阅读推广基础理论、儿童阅读推广、经典阅读推广等。重庆与中国图书馆学会联合举办的阅读推广人培训的内容则包括图书馆阅读推广中的基础理论、图书馆阅读推广的深化路径与专业提炼、图书馆阅读推广中的营销学原理与方法、阅读疗法研究、中国的阅读传统、全球视野下的阅读立法研究等角度。

目前我国还没有统一的阅读推广人准入制度，各级政府、学会，乃至个人及民间组织都可以举办阅读推广人培训，所以我国阅读推广人培训形式多样、内容丰富，但目的都是提高阅读推广人的业务素质和专业能力，以便其更有效地开展全民阅读推广活动。目前，我国阅读推广人培训一般分为公益和收费两种模式。

公益的一般是政府组织的，如上海市政府组织的阅读推广人培训，收费的一般是民间机构组织和社会团体组织的，两者之间互为补充，共同促进我国阅读推广活动，特别是社区、乡村等基层地区阅读推广活动的深入开展。

全民阅读是一项造福国家和社会大众的美好事业，阅读推广人则是这项事业中最可爱的园丁。在全民阅读已经成为国家战略的今天，我国社区、乡村迫切需要一支数量更多、类型丰富、素养专业的庞大的阅读推广人队伍。同时，各级政府部门和行业组织应通过总结经验、发现典型，命名和表彰一批基层阅读推广人，引导与激励专业人员和志愿者积极投身社区和乡村的阅读推广活动，推动基层全民阅读活动不断走向深入。

第五节　社会力量参助

阅读推广是一项政府主导的文化惠民工程，同时也是一项系统工程，单靠政府的组织、引导是远远不够的，还要依靠各种社会力量的参与，共同提供阅读服务、开展阅读活动、引领阅读风尚，促进全民文化素质的提升。现阶段基层参与社区与乡村阅读推广的社会力量主要包括民办图书馆、文化服务供应商、志愿者服务队伍等。

一、民办图书馆

民办图书馆是社区与乡村图书馆阅读推广的重要力量。民办图书馆可分为个人形式和公司形式两种。一般而言，公司的实力相对较强，其开办的图书馆各方面条件比个人开办的图书馆要好，其开展的阅读推广活动种类也更丰富，形式也更多样，社会效益也更好。

个人形式的民办图书馆一般是在社区或农村等公共图书馆服务相对较差的地方设立，可以在一定程度上弥补公共图书馆服务的不足。个人形式的民办图书馆一般都是通过众筹的方式获得经费和书籍等。由于众筹具有低门槛、多形式、依靠大众的力量及注重创新等特点，所以有许多热心于大众阅读推广的个人都借助于众筹来实现组建民办图书馆的愿望。众筹网是目前我国知名度最高的众筹平台，我国图书馆众筹项目99%都是在该平台进行的，在该平台发布有600多个项目，其中比较有代表性的有"永和核桃圆孩子书屋梦""第二书房北京金中都图书馆""北大91级校友共建元坊村蒲公英乡村图书馆""浙江桐庐获浦古村乡村图书馆"[①]。据研究，乡村图书馆众筹成功的关键因素包括：项目有特色，符合国家的相关政策，做好项目流程管理，定期更新项目，多方资源共同协助等[②]。

公司形式的民办图书馆拥有较强的经济实力和广泛的社会资源，所以一般在藏书数量、种类及环境布局、设施配套等方面都比较好，比较有代表性的是筑香书馆和悠贝亲子图书馆。

筑香书馆是一家纯公益性的图书馆，由宁波市建设集团股份有限公司捐建。筑香书馆馆舍面积300多平方米，有阅览座位50余个，馆藏图书约1.5万册，各类报刊20余种。书馆采用RFID智能化管理系统，读者可以自助办证、自助借还书，书馆全年24小时无人值守，免费开放。书馆内还有无线Wifi，方便读者在线阅读。此外，书馆还可以举办报告会、讲座、培训、展览等活动[③]。书馆日常事务无人管理，只安排了一名工作人员协调处理突发情况，同时招募了一批社会志愿者和大学生志愿者不定期前来帮助整理、拆包图书。

悠贝亲子图书馆成立于2009年2月，是国内第一家推广亲子阅读的专业机构，目前已发展成为国内亲子阅读第一品牌[④]。悠贝亲子图书馆提供的服务包括上万册优秀精美图书的借阅、专业的亲子阅读指导、丰富的亲子阅读活动。全国悠贝亲子图书馆超过120家，遍布68个城市，包括北京、广州、深圳、上海、天津、成都、武汉、太原、杭州、苏州、乌鲁木齐、郑州等。悠贝亲子图书馆为0~8岁孩子家庭提供专业的亲子阅读服务，旨在帮助这些家庭建立良好的亲子阅读习惯，在亲子阅读中增进亲子感情，开阔孩子们的视野，提升家庭文化教育素养。

---

① 张烨.我国图书馆众筹项目案例分析与研究［J］.图书馆工作与研究，2017（4）：107–110.

② 鞠彦辉，许燕，伞晓丽.农民民间图书馆众筹项目成功的关键因素［J］.2018（2）：90–96.

③ 海曙一家24小时无人值守图书馆开放［EB/OL］.［2018–07–28］. http://nb.zjol.com.cn/system/2017/12/28/021639284.shtml.

④ 上海悠贝亲子图书馆和宝贝一起共享亲子阅读时光［EB/OL］.［2018–07–28］. http://www.zhongchou.com/deal–show/id–22974.

二、文化服务供应商

文化服务供应商依托其强大的资源和技术优势，为社区及乡村图书馆提供大量的图书和先进的通信技术，让偏远地区的读者也能享受数字阅读。安徽省首个数字"农家书屋"——蒋集镇"农家书屋"，由该镇走出去的知名作家金兴安创办，安徽省时代出版传媒股份有限公司为该"农家书屋"提供电子阅读公共服务平台[①]。通过该平台，蒋集镇"农家书屋"的读者们可访问 5 万册电子图书、3 万册音频听书、500 部电影及 15 万分钟的微课，能在线看书、听书，或者下载各类电子书及音视频文件。安徽省新华书店集团与安徽省肥西县合作，利用该集团数字出版的巨大资源优势，在该县部分乡镇试点探索"数字农家书屋"，实现了部分村镇社区文化书屋数字化、网络化和多媒体化[②]。

三、志愿者服务队伍

公共图书馆最早尝试招募志愿者始于 1996 年的福建省图书馆。此后经过 20 多年的发展，我国公共图书馆已经普遍招募志愿者团队提供阅读推广等服务，其优势在于：一是可大大缓解图书馆人手不足的问题；二是可优化图书馆员工的知识结构，满足读者不同的知识需求；三是可成为图书馆与读者之间沟通的纽带；四是志愿者来自于读者，更容易接近读者和传播阅读活动，可提升图书馆的美誉度[③]。

我国公共图书馆志愿服务岗位包括阅读推广主讲人（成人）、阅读推广主讲人（少儿）、阅读推广策划人、阅读推广技术人、阅读推广文案及阅读推广活动服务岗。图书馆的志愿者们在进行乡村及社区阅读推广时，可通过志愿服务内容海报宣传、公共文化服务项目资料免费发放、图书馆免费办证办理登记、扫二维码送礼品、期刊赠送等形式向公众传递全民阅读的理念。

与此同时，志愿者虽然不是图书馆的正式职工，图书馆仍应对他们进行管理。

---

① 罗宝.我省首个"数字农家书屋"上线［EB/OL］.［2018–07–31］. http://epaper.anhuinews. com/html/ahrb/20151202/article_3391979.shtml.

② 安徽新华在肥西县试点推广数字书屋［EB/OL］.［2018–07–31］. http：//www.ce.cn/culture/gd/20 1502/03/t20150203_4499733.shtml.

③ 让志愿者成为阅读推广的使者［EB/OL］.［2018–07–31］. https：//www.sohu.com/a/158931248_74 8548.

一是做好舆论监督，确保向读者宣传正面、积极向上的内容；二是制定志愿者服务条例和管理制度，做到有章可循；三是对志愿者服务队伍进行专业培训，提升他们的专业水平；四是在经济许可的条件下，对志愿者提供一定的经济激励，提高他们的积极性。

总结

近年来，随着全民阅读活动持续深入开展，参与社区与乡村阅读推广的社会力量不断增加，推广手段不断丰富，社会影响力显著增强。但我们也要看到，在基层阅读推广中存在着良莠不齐的现象，甚至有些社会组织借着阅读推广的名义开展商业活动。政府部门应该加强对包括民办图书馆、文化服务供应商和志愿者服务队伍等在内的阅读推广社会力量的管理和引导，发挥各类社会组织的特长和优势，规范基层阅读推广活动，促进社区、农村基层阅读推广健康发展。

第五讲

社区与乡村阅读推广活动

公共图书馆是全民阅读推广的主体。近年来，在倡导全民阅读的社会大背景下，各级公共图书馆顺应时代发展的需要，利用各自的馆藏资源和人才优势，开展了内容丰富、形式多样的阅读推广活动，"阅读推广"已成为公共图书馆领域最引人注目的服务。

阅读推广可以提升图书馆的服务能力，阅读推广类活动更加贴合图书馆核心价值。范并思指出，符合图书馆核心价值的阅读推广目标是：让不喜欢阅读的人喜欢上阅读；让不会阅读的人学会阅读；让阅读有困难的人跨越阅读的障碍。阅读推广对于图书馆的意义，是创造读者对图书馆的需求[①]。与之对应，针对社区居民与乡村村民进行阅读推广的目标是：提升图书馆资源的利用率；提升社区居民、乡村村民的阅读意愿，提高其阅读能力；提供阅读交流的平台。

因为社区与乡村最贴近民众，是推广、普及、保障全民阅读的最佳场所，因此面向社区与乡村开展阅读推广活动最能体现图书馆的价值，能为培养民众的阅读习惯、营造全民阅读氛围、推动书香社会发展提供有力的支持。

本讲重点介绍社区与乡村阅读推广活动的策划、组织实施与品牌建设。

[①] 范并思. 华东师范大学教授范并思在"出版界图书馆界全民阅读年会（2014）"的主旨报告［DB/OL］.［2014–11–24］.http://www.library.hn.cn/tsgxh/bsxhdt/201411/t20141124_370437.htm.

第一节　社区与乡村阅读推广活动的策划

　　"策划"一词的使用有着悠久的历史。最早可见于《后汉书·隗嚣传》，意思是"计划""打算"。对图书馆而言，社区与乡村阅读推广活动的策划是指策划人员在组织面向社区与乡村开展阅读推广活动之初，创意活动主题、设定活动目标、制订活动方案的过程。在这个过程中，策划人员首先必须进行必要的调查研究，明确读者的需求，结合本馆的现状，提出活动的目标和要求，然后通过分析馆内外的人、财、物等具体条件，制定出若干具体活动方案，并对这些方案进行比较、择优。最后，确定出能够达到目标要求的最适当、最有效的方案。

　　换而言之，策划就是预先决定做什么、何时做、如何做、谁来做的问题。《礼记·中庸》有云："凡事预则立，不预则废。"策划，是成功举办活动的起点与基础。

一、组织策划团队

　　策划团队是开展社区与乡村阅读推广活动的核心因素。无论是大型的广场阅读活动，还是小型的室内沙龙活动，都离不开策划人员。小型活动，一个工作人员就可以完成整个活动的策划，但是大型活动则需要一个团队，需要一个部门或好几个部门组成的策划团队来共同完成。

　　例如，宁波市图书馆为了开展阅读推广活动，专门组建了宣教部这个策划团队，负责讲座、展览、沙龙等活动的策划实施，团队成员大多比较年轻，充满活力；同时还成立了推广部，专门负责馆外的图书流通及阅读推广活动。在举办大型的全市性读书活动时，宣教部、推广部等多部门合作共同完成，团队成员按照活动所涉及的细节及分配到的任务，各司其职，保障活动的顺利进行。又如，张家港市图书馆专门成立阅读推广部，主要职责为牵头组织全市性大型读书活动，配合宁波市全民阅读活动推进委员会办公室开展工作。有了好的策划团队，才能保障活动有组织、有计划、有步骤地顺利实施与持续开展。

　　同时，策划团队的组成人员除了图书馆工作人员，还可以"借脑"，通过征集、邀请馆外的志愿者参与策划，借助社会力量，进行"头脑风暴"，为社区与乡村阅读推广活动顺利开展奠定良好的组织基础。

例如，贵州省图书馆的"贵阳市社区儿童阅读共享项目"，专门组建了一支阅读推广团队，建立了一支由项目人员、项目顾问团、农民工子女学校老师、社会志愿者组织及爱心志愿者组成的阅读推广项目团队。通过阅读工作坊培训、项目顾问指导、互动交流等形式，提升了团队的凝聚力、协作能力、项目执行管理能力和阅读推广能力。

又如，宁波市北仑区大碶街道富春社区积极整合社会资源开展各类亲子共读活动，于 2016 年 7 月成立 Babylook 俱乐部，即由辖区企业员工自发组织致力于推动亲子阅读、亲子教育的公益组织，现有干事 4 名，义工妈妈 45 名，社员 1500 多名，已举办近 300 场亲子故事会，近 100 场亲子活动。值得一提的是，这支义工团队，有中学老师、外企高管，有全职妈妈，也有医生、护士，有的只是公司的普通员工。这个充满爱心的团队，积极策划组织开展活动，走进社区、走进图书馆、走进学校，为孩子们讲述有趣的绘本故事，并融入唱歌、游戏、表演等，以小故事讲出大道理。见图 5-1。

图 5-1　宁波市北仑区大碶街道"小板凳故事会"义工团队助力亲子阅读活动

二、 进行调查研究

在策划某一项读者活动特别是一些大型读者活动之前，需要进行可行性调查研究，以确定活动主题，明确活动对象，构思活动形式，考察活动地点，选择合作单位等。调查研究做得越细致、考虑越充分，所策划活动的成功率就会越高。例如，可以通过发放调查表、访问读者、总结活动经验等方式，了解不同类型读者的需求。同时，做好图书馆内部的调研，摸清现有资源的情况，包括经费预算、场地安排、时间选择等，先了解有多少经费可支配、有哪些资源可以用，包括如何利用好面向社会征集到的志愿者资源，如何将这些活动资源与时事、节庆相关联；同时，还可与学校、社区、残联等社会团体建立长期合作关系，了解其需求，并在活动策划时考虑为其提供定向服务，结合多方面的因素来作出客观决策。做好调查研究，便于针对不同群体开展不同活动项目，选择最佳时间计划，此外还需注意特殊群体的特殊需要。

图 5-2　温州图书馆调研后推出"点亮乡村阅读灯"公益行动

例如，温州图书馆通过调研了解到偏远的贫困乡村缺少阅读书籍，于是特意推出"点亮乡村阅读灯"公益行动，六辆"温图小巴"汽车图书馆于 2018 年 5 月分别开进平阳县顺溪镇下顺溪村等六个乡村，送书上门、免费办理借书卡，并邀请阅读推广人授课。见图 5-2。此活动根据读者需求每月定期前往农村服务点，将书香送往农村，同时服务的乡村还在不断征集中，即哪里有需要书就送到哪里①。

又如，贵阳市社区儿童图书音乐节每年走进不同的社区开展活动，每届社区儿童图书音乐节都认真做好调研工作，每次根据不同的活动地点，不同的受众群体，来调整活动的内容，使之更契合不同地区少年儿童的需要。

三、确定活动主题

图书馆开展读者活动，必须围绕一个鲜明的主题。一个好的活动主题才能给读者留下深刻的印象，才能带来显著的社会效益。对于图书馆开展的社区乡村阅读推广活动，由阅读推广部等活动策划团队牵头，确定活动具体的主题，以便开展相应的活动。

例如，由中国图书馆学会及中央广播电视大学联合主办的"手牵手——农村青少年阅读行动"活动，主题是"用书籍滋养心灵的沃土"，即"用电大人及其他社会有志人士智慧和真诚的大手，牵动亿万求知若渴的农村青少年的小手"，专门面向农村青少年开展专家讲座、专题讨论、座谈的专题互动活动。

又如，张家港市乐余镇阅读节，以"阅读，让乡风更文明"为主题，推出经典诗文诵读大赛、家庭才艺表演、亲子阅读系列等多项精彩纷呈的活动。

再如，西安图书馆2017年漂流书的活动主题为"春天来了，我们一起种本书"，通过在社区发布征集启事，号召读者捐书，让读者将自己捐出的书贴上用于图书漂流的绿色漂流书签，填写捐书者姓名及捐献册数，放置于分布于各小区的自助图书馆的绿色漂流书架，供居民取走阅读，以达到提升阅读氛围，好书共享的目的。

对于一些大型的阅读推广活动，还会有总主题、分主题。即首先确定活动总主题，再根据这一总主题确定具体活动的分主题，并且可以围绕主题，开展各种形式的子活动，比如：专题讲座、专题展览、绘本故事会、读书会、诗歌会、电影欣赏、音乐会、手工DIY、知识竞猜、文化沙龙、主题演讲、经典诵读、读书征文、知识竞赛等活动。

例如，2017宁波读书周以"阅读与城市文化"为总主题，以"倡导全民阅读、

① 看温州客户端.点亮乡村阅读灯公益行动 温图送上儿童节的"阅读大礼包"［DB/OL］.［2018-05-28］.https://h5.newaircloud.com/news_detail?newsid=3786295_wzwb.

建设书香社会"为目标，举办了一系列读书周活动，既有彰显城市书香的 2017 年"书香社区"发现活动、2017 年"书香社区"论坛；又有广泛的群众性参与活动，如阅读马拉松、经典绘本创意表演大赛、少儿拼贴画大赛。各项子活动都有其分主题，其中 2017 年"书香社区"论坛的分主题为"全民阅读与书香社区建设"（图 5-3），阅读马拉松的分主题为"阅读，一场马拉松式的救赎"，经典绘本创意表演大赛的分主题为"悦读童年"，少儿拼贴画大赛的分主题为"我与图书馆"。

图 5-3　2017 年"书香社区"论坛在宁波举行

四、制订活动方案

一份详尽的活动方案是活动顺利开展的基本保障。活动方案的内容主要包括活动名称、主题、主办单位、承办单位、活动目的、活动内容、时间、地点、参与方法、经费预算等基本要素。活动方案是活动具体操作的指南。东莞图书馆"我讲书中的故事"儿童故事大王活动之初便起草了活动方案，包含活动宗旨、活动内容、比赛形式、组织机构、具体要求、评奖办法等内容，便于活动统筹安排，力图做到事无巨细、万无一失。

如果将活动方案进一步细化，还可分为策划方案和实施方案。策划方案的内容主要包括活动名称、活动主题、宗旨和目的、主办单位、承办单位等活动组织机构、媒体支持、举办的时间和地点、活动内容、工作要求等基本要素，它是了解活动全貌的一面镜子。实施方案是在策划方案基础上的细化，内容包括具体某一项活动的时间、地点、议程、参加人员、礼仪安排、宣传措施、经费预算、责任分工等细节，详尽的策划方案和实施方案是活动顺利开展的基本保证。

制定活动方案的注意事项：

（1）本次活动的目的一定要明确，活动内容要紧扣主题，做到内容新颖，形式创新，对读者有强烈的吸引力。

（2）活动的时间、地点。在时间上考虑读者的可参与性，一般放在双休日、节假日，便于读者参与；同时考虑场地的接待能力，预估参与人数与场地可容纳读者数量保持平衡，户外活动则还要考虑到天气的因素。

（3）活动细节力争考虑仔细、周全，包括活动前气氛的营造，领导的邀请，媒体的宣传等。在场地布置中要注意将音响、灯光提前调试好。确定对接好主持人，安排好礼仪服务等。

（4）对整个活动所需经费进行预算，预算尽量详尽。整合各类社会资源，有时还可以联合妇联、学校、社会团体等单位共同举办活动，科学合理地整合各类人力、物力、财力等资源，形成优势互补，以达到共赢目的。

（5）在活动策划当中，需把各项任务项目化、责任化，分解落实到具体的负责人。责任细分、落实到人，这样才能更好地完成各项活动。制作一份明确的活动分工一览表，将活动场地布置、嘉宾接待、座次安排、媒体宣传、活动主持、灯光音响、摄像、秩序维持、车辆接送等工作逐一落实到具体责任人，并召集具体责任人进行集中讲解，让每一位责任人都认真了解，知晓各自的角色，以保证整个活动顺利进行。

（6）注重活动的宣传和引导，可提前在网站、微信发布消息，并在新闻媒体上进行宣传报道。提示参与活动的方式，提前在微信上报名或免费领取活动入场券。

附活动方案样例：

2017年"书香社区"论坛方案

一、活动背景

2014年，文化部公共文化司委托中国图书馆学会开展书香城市指标研究及推广项目；2015年初，中国图书馆学会组织专家团队完成了"书香城市（县级）"及"书香社区"标准指标体系的制定；2015年"世界读书日"期间，中国图书馆学会联合宁波市图书馆等多家单位面向全国图书馆发布了标准指标体系，为在全国开展书香城市、社区的建设提供了依据。

2016年，"书香城市（区县级）"发现活动在宁波成功举办，19个城市最终入围，成为全国阅读推广的先进典型。2017年，"书香社区"发现活动再次启动，这是全国阅读推广工作的一次促进提升，更为宁波这个城市点亮了一张"书香之城"的文化名片。

为了推广获评"书香社区"城市的优秀做法和经验，并向全国推荐共享这些阅读推广的先进典型，邀请国内知名专家进行交流总结，中国图书馆学会特举办书香社区论坛，为全国各社区提供一个地方全民阅读推广工作优秀成绩的展示平台。这是立足中国文化，提高中华民族素质与竞争力的重要举措，是推动社会进步的重要力量。

二、组织机构

主办：中国图书馆学会、宁波市人民政府

承办：中国图书馆学会阅读推广委员会、宁波市文化广电新闻出版局

执行承办：中国图书馆学会阅读推广委员会社区与乡村阅读推广专业委员会、宁波市图书馆

三、活动时间

2017年11月3日（周五）

四、活动地点

宁波阳光豪生大酒店

五、活动主题

全民阅读与书香社区建设

六、拟邀请嘉宾（拟定 100 人）

1. 中国图书馆学会副理事长、中国国家图书馆副馆长陈力

2. 中国图书馆学会秘书长霍瑞娟

3. 宁波市文化广电新闻出版局局长张爱琴

4. 宁波市文化广电新闻出版局副局长杨劲

5. 2017 年"书香社区"发现活动评审专家

6. 参加申报 2017 年"书香社区"发现活动社区的分管领导或主管局局长、图书馆馆长

7. 拟参加下一届书香城市（区县级）、书香社区发现活动的城市的图书馆馆长

8. 宁波各县（市）区公共图书馆馆长

七、活动议程

第一部分：第三届浙江省全民阅读节暨 2017 宁波书展·宁波读书周开幕仪式（08：30—10：30）

地点：宁波市会展中心

第二部分：2017 年"书香社区"论坛暨授牌仪式

地点：阳光豪生大酒店三楼豪生厅

（一）授牌仪式（14：00—14：30）

主持人：宁波市文化广电新闻出版局副局长杨劲

1. 介绍出席本次论坛的领导、专家和代表；

2. 宁波市文化广电新闻出版局局长张爱琴致欢迎辞；

3. 中国图书馆学会副理事长、国家图书馆常务副馆长陈力致辞；

4. 公布入围 2017 年"书香社区"发现活动的社区名单；

5. 向入围 2017 年"书香社区"发现活动的社区授牌。

（二）主旨报告（14：45—15：15）

主持人：中国图书馆学会阅读推广委员会社区与乡村阅读推广专业委员会主任、宁波市图书馆馆长徐益波

主题：从馆员到阅读推广人

主讲人：中国图书馆学会阅读推广委员会顾问、北京大学信息管理系教授王余光

（三）开放论坛（15：30—17：00）

主持人：国家教育部图书馆学教学指导委员会委员、中国图书馆学会学术委员会图书馆社会合作分委会副主任、浙江大学信息资源管理系教授李超平

论坛嘉宾：北京市赵家楼社区

山东省济南市和平路社区

湖南省长沙市左岸社区

西藏自治区拉萨市金珠西路社区

江苏省张家港市东莱社区

浙江省宁波市江梅社区

2017年"书香社区"发现活动评审专家代表点评，每人五分钟。

八、日程安排

11月2日 全天报到。

11月2日19：30 国乐添香 宁波之夜［天然舞台（原凤凰影剧院），60分钟］。

11月3日08：30 2017宁波读书周开幕仪式。

11月3日14：00 2017年"书香社区"论坛暨颁奖仪式（阳光豪生大酒店）。

11月4日离会。

第二节　社区与乡村阅读推广活动的组织实施

社区与乡村阅读推广活动的组织实施十分重要。阅读推广活动作为一项系统工程，在策划、实施的每一个环节都凝聚了图书馆人的智慧与心血。只有根据参与对象的自身特点，盘活各类资源，将活动办出特色，才能吸引读者参与，从而使图书馆的影响力不断扩大和增强，提升图书馆的社会地位。

本节重点从广泛宣传、合理组织、适当激励、活动绩效评估四个方面介绍社区与乡村阅读推广活动的组织实施。

一、广泛宣传

为保障活动的顺利组织实施，在活动组织实施之前，需要发布活动信息，做好广泛宣传。首先，图书馆要通过多种方式、多种媒体来对活动进行前期宣传推广，预先发布活动信息；为扩大活动的影响力，宣传还需要融合传统媒介与新媒体，以线上与线下相结合的方式进行。既要利用传统的推广媒体，包括海报、横幅、宣传栏、电子屏等进行宣传；又要利用图书馆微博、微信公众号、官方网站、QQ 群等平台进行大力宣传。其次，除了进行前期预告，发动读者报名，还要进行活动的图文宣传报道，有条件的图书馆还可积极尝试活动现场的微信直播，以扩大活动的影响力和传播力；并积极利用电视、电台、报纸等各种媒介加大宣传推介力度。简而言之，就是要对活动进行多角度、多轮宣传。

例如，宁波市图书馆在"4·23"世界读书日期间推出活动，活动前期在其微信公众号、网站上进行预告，制作活动海报，提前发布活动预告信息，还对当晚举行的两场活动："致未来的一封信——图书馆之夜"，以及青年作家、老舍文学奖得主文珍专题讲座进行了微信直播。两场活动的微信直播点击量达 3.3 万人次，进一步宣传了活动，并极大地提升了活动的辐射面。此次活动举行之后，还在甬派、宁波文化网、《宁波通讯》等媒体进行了图文报道。

又如，贵州省图书馆的"社区儿童阅读共享项目"，专门创建阅读推广布客志愿者 QQ 群，在新浪网创建"贵州布客志愿者"博客，撰写活动预告、通讯、报道总结，通过图书馆公共开放空间、贵州省图书馆官方网站、QQ 群、贵州省图书馆馆情通报，对活动项目进行了广泛的宣传。

二、合理组织

活动策划好之后，为保证活动顺利开展，合理组织是非常重要的。对于社区与乡村阅读推广活动来说，在活动的现场组织实施过程中，必须做好资源配置工作，围绕具体的某一项社区与乡村阅读推广活动，对现有的人力、物力等进行合理分配。既要充分发挥工作人员之所长，使每个工作人员都能较好地胜任自己的工作，更好地履行职责；又要合理分配、使用好活动经费，保障活动的顺利进行。

为了合理地组织活动，各个环节都需要考虑细致、周到。在活动具体实施之前，人员安排、场地布置、文字材料准备、设备调试等都必须逐一落实，大型活动还要预先进行相应的彩排。

活动组织的注意事项：

（1）将实施方案进行细化，从活动准备阶段到最终实施的每一个步骤、每一个环节都要落实到位，并制定具体的实施表。

（2）注重细节，场地布置、海报背景、横幅悬挂、桌椅摆放、桌牌放置、嘉宾讲话稿、资料袋等都要逐一确认，以便按计划准时开展活动，确保活动有序进行。

（3）图书馆各部门要分工合作，有些社区与乡村阅读推广活动是由专门的部门负责，如阅读推广部，但有些图书馆的读者活动由好几个部门负责，如推广部、少儿部、阅览部等，在分工的基础上应加强合作，共同把活动组织好。

（4）组织活动时，工作人员的着装应整洁大方，有条件的图书馆可统一馆服。

（5）现场实施过程中，还要随时观察，如遇人员临时调整等突发状况，要做好统筹协调，及时做好处理。

此外，在组织活动过程中，因为活动的环节多，所以需要的人手也就比较多，但工作人员却有限，这时就需要充分利用社会志愿者，借助社会力量来顺利组织活动。

例如，贵州省图书馆组建的贵阳市社区儿童阅读共享项目布客志愿者团队，具有阅读推广活动的专业能力，承担了活动中的阅读推广主题活动；贵州大学明德学院红十字会与贵阳学院的大学生志愿者，则协助现场服务，维持现场秩序，为活动顺利开展提供了各种保障[1]。

又如，安徽省合肥市包河区紫竹苑社区城市阅读空间"半亩方塘"定期与高校、志愿者、热心读者合作，邀请其为"半亩方塘"提供专业类讲座讲学、手工制作等活动，通过活动，将社会资源进行整合，打造更大更广的活动平台。

---

[1] 周琦，周媛.公益、合作、共赢：贵阳市社区儿童图书音乐节［J］.图书馆杂志，2014（4）：84–87.

三、适当激励

读者是图书馆开展活动的根本动力。在社区与乡村阅读推广活动实施中，如何吸引读者参与，保证一定的读者参与量，是各个图书馆面向社区与乡村开展活动时需要考虑与重视的问题。图书馆可采取各种措施和方法，鼓励吸引读者积极参与活动。比如，可以通过赠送图书、发放活动小奖品等方式对热心参与活动的社区居民、村民进行物质奖励，还可以通过评选"优秀读者""优秀志愿者""阅读达人""读者之星"等方式，对积极参与活动的社区居民、村民进行精神鼓励。图书馆通过开展读者激励措施，更好地促进了读者活动的开展，提高了读者对图书馆的利用率。

例如，"小桔灯"阅读计划采用馆校合作的方式进行实施推进，由图书馆负责策划组织，学校协助落实。每学期向辖区在校学生免费发放阅读记录册，组织辖区学生参加阅读积分行动，由学校的语文老师把关指导，根据积分情况，评选学期的"阅读之星"并给予表彰和奖励。该计划实施 5 年来，共发放《阅读记录册》近 6 万册，共有 300 多名学生获得"阅读之星"奖励，52 名教师被评为优秀推广员。"阅读积分行动计划"有效地促进了孩子们的阅读兴趣，培养了孩子们阅读后去思考和积累的良好习惯 [1]。

又如，宁波市图书馆"夕阳红读书会"活动为每位老年读者登记好个人信息，读者第一次参与活动后即可获得活动卡一张，之后每次参与活动均打卡、盖章一次，集满一定数量即可获得书籍一本。这一积分激励措施，吸引老年读者连续参与健康养生、家居生活、新媒体技能等各项活动，并有 70 名读者成功领到了《我们仨》、《门对孤山》《当代宁波诗词选》等书籍。

四、活动绩效评估

从策划学的角度看，活动的总结评估定义为：在一定原则的指导下，运用科学的方式方法，对实施内容、运作程序、操作手段、功能结构及其最终效果等做出公正的判断和结论。[2]对于社区与乡村阅读推广活动来说，活动绩效评估是活动的最后一个环节，做好这一环节，对整个活动进行总结评估，有助于提升本次

---

① 中国图书馆学会社区与乡村阅读推广委员会. 阅读点亮生活［Z］.2013：8.
② 杨小平. 策划的总结评估［J］.牡丹江教育学院学报，2016（6）：111–112.

活动的完整性，又为下一次活动策划提供参考借鉴。

　　具体的一项社区与乡村阅读推广活动实施之后，及时进行有效总结和评估，填写活动记录表（表5-1），既是做好活动档案材料保存的需要，又能促进下一次读者活动的有序开展。具体而言，可以从读者反馈、自我总结、媒体报道、领导评价等方面对活动效果进行评估，也可以从活动目标是否正确，读者参与是否积极，活动创新点是否鲜明，经费投入是否合理，活动资料收集是否全面，读者反馈是否满意等内容进行评估，及时总结活动的整体效果，分析活动的优点和不足，为下一次活动的策划与实施提供借鉴。如果活动没有达到预期效果，可重点审视以下问题：

　　活动评估时需重点审视的问题：

　　1. 活动策划是否科学合理

　　　　活动的目标用户是否明确。

　　　　所设方式是否符合目标用户的特点。

　　　　时间地点选择是否合适。

　　　　人员安排是否合理。

　　　　经费安排是否合理。

　　2. 活动宣传是否到位

　　　　馆内宣传是否到位。

　　　　网络宣传是否到位。

　　　　其他宣传（相关场所）是否到位。

　　　　新闻媒体宣传是否到位。

　　　　宣传单等是否有不清晰之处。

　　3. 活动实施是否顺利

　　　　有没有预想的情况发生。

　　　　采取的应急措施是否有效。

　　　　是否还有更好的应急措施。

　　　　现场是否有不愉快的事情发生。

　　　　应该如何避免不愉快事件的发生 [1]

---

① 邱冠华，金德政 . 图书馆阅读推广基础工作 [M] . 北京：朝华出版社，2015：41.

表 5-1　活动记录表

名　称	
时　间	
地　点	
组织机构 （主办、承办、协办）	
预期目标 （目的、意义、受众目标、预期效果）	
项目概况	
活动内容	
工作内容 人员分工 时间节点	
经费使用情况	
绩效评估	
策划人：　　　　　　部门主任意见：　　　　　　领导意见：	

第三节 社区与乡村阅读推广活动的品牌建设

品牌是一种识别标志、一种价值理念、一种精神象征，是品质优异的核心体现。这是美国营销大师科特勒对品牌概念的完美诠释[①]。品牌的生命力在于社会的广泛关注与认同，而品牌形象作为品牌活动在读者心目中留下的主观印象，是读者对品牌感知、理解和联想的总和。品牌形象是一个多层面、立体化的概念，其核心是品牌形象内涵，包括活动所承载的文化内涵、活动所体现的品牌个性，其承载的是活动的质量与持续性、活动参与者的数量和质量。对社区与乡村阅读推广活动来说，要做到从"办活动"到"做品牌"，不仅需要有一定的品牌名称，还要在时间上具有一定的持续性，拥有一定的影响力，即品牌建设包括品牌名称、品牌标识、品牌传播等重要要素。

一、品牌名称

品牌名称要朗朗上口，易于传播。对于社区居民、乡村村民而言，活动名称更要易读易记。一个好的品牌名称，能够激发读者的联想，以浓缩的方式体现品牌的文化内涵与个性。不少公共图书馆的活动通过品牌命名向公众传达活动的价值和理念。比如，深圳盐田区图书馆沙头角分馆的"小桔灯"阅读推广计划、湖南株洲茶陵县图书馆的"文化大赶集"、贵州省图书馆的"社区儿童音乐节"、中央广播电视大学图书馆的"手牵手——农村青少年阅读行动"、东莞图书馆的"我讲书中的故事"儿童故事大王等。可见，品牌名字要么易读易记、简单响亮，要么风格独特、个性突出，要么寓意丰富、启发联想。

例如，"小桔灯"阅读推广计划以我国著名文学家冰心的名作《小桔灯》命名，表达的是图书馆人以冰心为榜样、像冰心一样爱读者的一种职业价值追求，同时，做一个点灯的人，把阅读的种子撒向少年儿童，让"小桔灯"温暖每一个孩子的童年，成为孩子们成长路上的"一盏灯"。活动以"小桔灯"命名既易读易记，又寓意丰富[②]。

---

① 黄俊. 公共图书馆打造读者服务品牌的实践与思考——以江西公共图书馆为例[J]. 图书馆研究，2014（1）：46-48.

② 中国图书馆学会社区与乡村阅读推广委员会. 阅读点亮生活［Z］. 2013：7.

相比之下，类似于"送书下乡""精彩寒假 快乐阅读"的活动名称则显得比较普通，不够有特色，这样的命名主要传递的是活动开展的地点或时间信息，很难给读者留下深刻的印象。

二、品牌标识

品牌标识属于品牌形象的识别系统，是品牌形象的核心部分，英文为"LOGO"。品牌标识不仅具有便于识别与推广的作用，而且具有造型独特、色彩明快、简洁明了、富有寓意等特点。活动品牌通过形象标识可以让读者记住品牌的主体形象及品牌文化，使读者在看到品牌标识的同时，自然地产生联想，从而对活动产生认同。

图5-4 贵阳市社区儿童音乐节LOGO

例如，贵州省图书馆的"社区儿童音乐节"品牌意识比较强。在举办贵阳市社区儿童图书音乐节时，主办方专门为活动设计了活动的LOGO（图5-4）、邀请函、宣传海报、文化衫，请专业设计做了活动主会场、图书街、音乐街区的整体设计布置，包括各个店铺门头的装饰，使社区儿童图书音乐节的活动深入人心[①]。

又如，深圳市盐田区图书馆沙头角分馆"小桔灯"阅读计划，举办书友会、手工坊，邀请名师作为导读员解读经典，面向具有独立阅读能力的孩子解读"小桔灯"年度推荐书目，鼓励儿童阅读经典名著，引导其进行深层次阅读，让他们从经典名著中汲取知识、积累文化、提高文学素养。此活动的LOGO以橙色、绿色为主，整个图案从桔子的造型演变而来，由桔皮环绕而上构成一个桔形，宛如一盏桔灯（图5-5），活动标识色彩明快、简洁明了，便于读者识别。

---

① 周琦，周媛.谈公共图书馆阅读的多元合作推广模式——以贵阳市首届社区儿童图书音乐节为例［J］.贵图学刊，2012（1）：35-37.

图5-5　深圳市盐田区图书馆沙头角分馆"小桔灯"阅读计划标识

再如，贵州省图书馆"新布客书屋"儿童阅读推广服务项目是贵州省图书馆的未成年人服务品牌，从2010年推出至今，在贵阳、遵义、六盘水等地区共建成25个新布客书屋，有效地改善了农村留守儿童的阅读状况，1万多名少年儿童直接受益。"新布客书屋"这一品牌内涵，"新布客"的"新"代表"至乐读书·共享阅读"的阅读新理念，布客是英文BOOK（图书）的音译，LOGO设计为一小孩坐在书上快乐读书，标志底色为温暖的橙黄色，象征阅读像阳光一样温暖人的心灵[1]。

三、品牌持续性

无论做什么活动，要打造成品牌，持续性都非常重要。对于社区与乡村阅读推广活动而言，要做成品牌，就一定要保持一定的频率，投入一定的时间、一定的精力、一定的经费，持续开展、坚持开展。活动只有拥有延续性、持续性才能形成品牌效应。

例如，由贵阳市文明办、贵州省图书馆、贵阳广播电视台、贵阳市图书馆联合举办的"社区儿童图书音乐节"，自2011年举办首届音乐节之后，每年举办一届，到2018年已成功举办了8届。活动现场由主会场、图书街、音乐街三部分组成，向所有小朋友发出邀请，大家一起享受音乐、快乐阅读，把阅读习惯深入推广到与少年儿童生活最为密切的地方——社区，赢得了良好的口碑。

---

[1] 贵州省图书馆新布客书屋儿童阅读推广服务项目［EB/OL］.［2016-11-02］.http：//www.wenming.cn/specials/zyfw/4g100_39622/zjzyfwxm/201611/t20161104_3865360.shtml.

又如，由宁波市图书馆联合中国小记者宁波记者站举办的"小小讲书先生"活动，自 2011 年推出第一届之后，每年举行，至今已成功举办 8 届，而且每年围绕一个活动主题开展。例如第一届活动主题是"讲述我最喜爱的历史故事"，第二届活动主题是"感动我心的礼孝故事"，第三届活动主题为"我身边的感人故事"，第四届活动主题为"伴我成长的童话故事"，第五届活动主题为"可歌可泣的抗战故事"，第八届活动主题为"讲述身边'互联网＋'的故事"等。活动让孩子们做小小讲书先生，把自己最喜欢的故事讲出来，深受孩子们的欢迎。

四、品牌宣传

图书馆精心营造的品牌形象如何传达给读者？这就需要品牌宣传。品牌宣传是品牌创建中举足轻重的环节。品牌的实质在于知名度。图书馆开展的社区与乡村阅读推广活动再多，如果没有知名度，也不会引起太多的关注。因此进行品牌宣传、提高知名度是品牌建设的关键。

品牌宣传需要利用多种传播手段。比如贵阳市社区儿童图书音乐节的宣传结合了音乐、COSPLAY（角色扮演）表演等元素，利用了 QQ 群、博客等方式，使得活动极富时代气息，取得了良好的效果。

例如，"悦读宝贝"是苏州图书馆的儿童阅读服务品牌，包括阅读大礼包、听故事姐姐讲故事、家长沙龙、悦悦姐姐教我念儿歌、悦读妈妈志愿者培训等一系列活动。苏州图书馆广泛运用媒体进行宣传，通过苏州电视台、苏州广播电台、《苏州晚报》《姑苏晚报》等地方媒体，图书馆门户网站、服务窗口等自媒体向目标受众进行品牌宣传。

又如，由东莞市文化广电新闻出版局主办，东莞图书馆、东莞市语言文字工作委员会、东莞电视台宝贝豆丁栏目联合承办的"我讲书中的故事"儿童故事大王活动，充分利用电台、广播、报纸、海报、网站（图 5–6）等媒体在全市广泛宣传，东莞市广播电视台宝贝豆丁栏目播放活动花絮、活动亮点，东莞阳光网转播选手参赛视频资料，《东莞日报》《东莞时报》等媒体也对活动进行了报道。热心网友还主动为小选手进行投票，2010 年选手视频点击率达 37 万余人次。此活动已成为东莞读书节的知名品牌活动。

投票须知

投票时间：2017年5月10日14:00时起 至 2017年5月25日14:00时止 过期无效
投票说明：
1、投票采取不记名制，可通过网页和微信两种方式为您喜爱的选手投票。
2、每个电脑IP地址（微信号）每天仅能给每位选手投1票，且每天可最多给每个组的5位选手投票。
3、每组别票数最高的前5名选手获得该组别的"我最喜爱的故事大王选手奖"。
4、为确保投票公平公正，避免恶意刷票行为，主办方将采取以下措施：
（1）对投票系统加强监控和核查，对恶意刷票产生的票数进行删除；
（2）对恶意刷票的IP建立黑名单体系，对恶意投票的IP进行屏蔽；
（3）增加PC端投票验证码功能，以防止恶意刷票。
网页及微信投票方法
欢迎市民踊跃投票。
东莞图书馆对本次投票活动具有最终解释权。

图5-6 东莞图书馆"我讲书中的故事"儿童故事大王活动借助网络投票进行宣传

可见，随着互联网的发展，品牌宣传时应注意线上与线下相结合。既要利用传统的推广媒体，如海报、横幅、宣传栏、电子屏等进行宣传；又要利用图书馆微博、微信公众号、官方网站、QQ 群等平台进行宣传，更要利用电视、电台、报纸等各种媒介加大宣传推介力度。通过宣传，加大服务品牌的影响力，营造积极的公众舆论，提升活动品牌的知名度，在读者心中牢固树立品牌形象。

总结

本讲通过对社区与乡村阅读推广活动各个环节进行讨论，探讨了社区与乡村阅读推广活动中的诸多问题及解决方案。如果一项社区与乡村阅读推广活动缺乏长期的规划，没有一定的持续性与鲜明的识别性，就很难在众多的阅读推广活动之中凸显自身的特色。而识别功能正是"品牌"最基本的功能，读者借助品牌名称、标识等品牌特性便能很快找到所需要的服务。总之，以读者需求为基础的品牌化可以实现各类资源效能的整合与利用，进一步提升品牌的核心竞争力，提高活动的管理效率，使得社区与乡村阅读推广活动的开展更具有计划性与持续性。

第六讲

社区与乡村阅读推广经典案例

在上一讲中，作者探讨了如何开展社区与乡村阅读推广活动，围绕活动的策划、组织和品牌建设进行阐释。到目前为止，本书已经较为详细地论述了社区与乡村阅读的理论框架。社区与乡村阅读推广作为一项实践性极强的活动，不能仅仅停留在理论探索层面，而必须落地到社会实践中，走入群众生活，真正为培养公众阅读习惯、提高公众阅读能力做出贡献。

经过近年来的发展，全国各地的社区与乡村阅读事业已经取得了一定的成绩，涌现出一批特色鲜明、广泛结合实际、具有较强借鉴意义的突出案例。在本讲中，我们选取了深圳市罗湖区"悠·图书馆"、天津市新疆路社区"书吧"、中山市小榄镇"i分享"活动等作为社区与乡村阅读推广的经典案例进行详细呈现，希望为未来社区与乡村阅读推广活动的开展提供参考。

第一节 社区阅读推广经典案例

一、深圳市罗湖区"悠·图书馆"

罗湖区是深圳市的中心城区之一，总面积 78.75 平方公里。"悠·图书馆"是罗湖区图书馆的一项创新举措。作为区图书馆直属分馆，实行总分馆制管理模式，即由总馆（区图书馆）统筹人力资源、文献资源、技术资源、经费资源、活动资源等，进行一体化管理、运行与开放服务，进而实现资源共享和服务的最大效益化，以保证图书馆管理与服务的专业化、规范化和标准化。2012年12月19日，首家"悠·图书馆"在深圳市罗湖区北斗路新天地名居C座首层正式开馆，标志着由罗湖区图书馆打造的全新社区图书馆服务品牌——"悠·图书馆"全面启动。

"悠·图书馆"借鉴美国、新加坡等国兴起的"第三空间"理念，由罗湖区图书馆主管，打造社区图书馆的全新服务模式。"第三空间"概念是美国社会学家雷·奥尔登堡（Ray Oldenburg）提出的，他称家庭居住空间为"第一空间"，职场为"第二空间"，城市的咖啡厅、酒吧、图书馆、博物馆、公园等为"第三空间"。"悠·图书馆"打造城市第三空间，本质上就是要把图书馆从"书"的空间转变为"人"的空间，为市民、读者提供社交和活动机会，承担相应的社会功能，达到聚集人气、凝聚智慧和思想的目的。"悠"包含悠然、优质及"你（You）"三层含义，意味着真正属于社区、属于读者自己的图书馆；亦是"你"想象中、有"你"参与的图书馆，一个真正意义上的第三空间。通过温馨的空间环境、多元的服务内容、丰富的文献资源、多样的文化活动和一体的总分馆管理体制，将社区图书馆营造成为社区的公共文化空间。

"悠·图书馆"还同时探索空间、资源和生活三种"悠"状态，空间舒适性是其第一大特点。图书馆改变传统空间布局和装饰风格，打造成趣味和雅致兼备的社区书房；在设计上更多借鉴了书吧和现代书店的思路，方便读者交流。"人"取代"书"，是"悠·图书馆"在空间营造中最为引人关注的要素。

"悠·图书馆"改变传统社区图书馆普遍存在的馆藏图书老旧、更新速度慢、内容缺乏吸引力等问题，采取以电子资源为主、传统纸质图书为辅的文献服务模式。读者可通过网络阅读罗湖区图书馆的全部电子资源，以及"E读站"的本地资源。"悠·图书馆"作为罗湖区图书馆的直属分馆，由总馆进行文献资源、技术资源、人力资源的统筹管理与共享，并加入"图书馆之城"统一技术平台，实现全城的一证通借。

"悠·图书馆"同时也代表一种社区生活方式。为了让社区图书馆不再仅是一个图书借还及阅读的场所，它在内部空间设计上更加贴合聚会、活动和沙龙的功能需求。图书馆定期举办"尚修学苑""真人图书馆""读书沙龙""故事列车"

等阅读活动，同时还免费向市民读书团体提供活动场所和服务①。

2012 年，"悠·图书馆"（文华社区）建立。2013 年，罗湖区图书馆又在不同领域新建了三个"悠·图书馆"，分别位于楼尚文化创意产业园、笋岗工艺城和东湖中学。2017 年 11 月 28 日，在"新时代新阅读"第十八届深圳读书月活动期间，"悠·图书馆"（C33 创新产业园）开馆，这是第七家"悠·图书馆"，也是政府主导、社会力量参与合作办馆的一次尝试。

"悠阅生活"项目是罗湖区图书馆依托"悠·图书馆"打造的服务品牌。此项目常年举办包括讲座、手工制作课程、读书沙龙、悠乐飞扬音乐会、少儿故事会等内容的阅读推广及文化活动，免费向全市民间读书团体提供活动场所和服务。"悠阅生活"每个月都要组织三场以上的活动，社区居民和广大市民都可以参加。"悠阅生活"活动丰富多彩，贴近居民生活，充分满足了百姓的文化需求，深受居民欢迎，在全社会产生了广泛的影响，收到了很好的社会效益②。

"悠·图书馆"是传统社区图书馆的一次检讨与回归，社区是它的根本属性。与传统社区图书馆不同，"悠·图书馆"不是作为公共图书馆网络体系的末端服务节点而存在的，而是图书馆不可分割的社会、文化与精神属性，它是图书馆作为有机体的源头活水。"悠·图书馆"的空间、资源与服务设计，以认识和发现社区为导向，认识社区的地域空间、居民构成、人文传统、发展状态等资源要素；发现社区民众最根本、最迫切的问题与需求。

"悠·图书馆"建设运营模式的核心就是要解决长期困扰社区图书馆发展的专业化难题，作为基层公共文化服务重要平台，从理念上与国家政策一脉相承，从实践上也确立了专业优势，是对国家政策意见的率先探索。它在一定程度上发挥了社区综合性文化服务中心的功能，整合了分布在不同部门、分散孤立、用途单一的基层公共文化资源，实现了对人、财、物的统筹使用③。

"悠·图书馆"的诞生标志着社区图书馆在新形势下的探索与转型，它的出

---

① 黄宪广. 引进国外理念首创"悠·图书馆"［N］. 中国文化报，2013–01–01.
② 吴志敏. 社会阅读推广与公共图书馆使命——兼论罗湖区图书馆阅读推广实践［J］. 图书馆学研究，2011（4）：86–89.
③ 高小军. 以社区为中心的现代社区图书馆服务模式研究——以深圳市罗湖区"悠·图书馆"为例［J］. 图书馆论坛，2017（3）：57–66.

现引起业界及社会的极大关注。有关专家赞誉"悠·图书馆"的诞生，为深圳市"图书馆之城"的基层图书馆的实践、为整个图书馆体系的体制机制的创新，带来非常好的示范作用。更为重要的是，作为公益性的公共文化服务设施，其秉承的"平等、开放、公益"的无门槛免费服务，真正地实现了文化生活惠及全民。2016年10月，在由国家文化部指导、中国图书馆学会主办的"2016年最美基层图书馆和中国图书馆榜样人物风采展示"评选活动中，"悠·图书馆"脱颖而出，荣获"2016年最美基层图书馆"称号。

二、天津市新疆路社区"书吧"

天津市新疆路社区位于和平区劝业场街南端，辖区面积0.16平方公里，是一个尚未整体改造的老城区。辖区内外来人口、老年人和困难户多，居民需求呈多样化。

新疆路社区图书馆（书吧）面积200平方米，拥有阅览座位30个，阅览计算机10台；馆藏图书约7000册，报纸和期刊30种；配备管理员2名，另有志愿服务人员30人，图书馆实行全年免费开放。近年来，劝业场街党工委以落实公共文化服务体系建设为契机，为推动全民阅读、打造特色城市书吧提供了重要保障。新疆路社区图书馆注重突出特色，开展了诸如"童阅讲堂"等品牌活动，已成为一座高品位、有特色、重实效的精品城市书吧。

新疆路社区始终坚持以特色促发展的工作理念，推动社区文化建设和书吧协调发展。由于辖区外来人口多，许多务工人员子女无人照顾，流散街头巷口自由玩耍，既不安全，也无法得到教育保障。鉴于此，社区图书馆创立了"童阅讲堂"，利用每周二小朋友放学后的时间，从人文历史、古诗文格言警句入手，使孩子们逐步阅读了《弟子规》《三字经》等中华经典童蒙书籍。"童阅讲堂"隔周举办一次读书交流会，围绕各种主题开展读书征文比赛和读后感交流活动，让小朋友们从书中领悟我国的历史文化积淀，从小知书明理。

社区将读书与社会实践结合，开展了丰富多彩的课外活动，组织小朋友们开设手工艺术、乒乓球、绘画、计算机、健康安全体验等课程，提高孩子的综合素质和读书学习能力。此外，由天津师范大学、天津外国语大学学生和社区教师组成的志愿者队伍，在"童阅讲堂"定期为小朋友补习功课、解答问题。"童阅讲堂"还为小朋友举办朗诵艺术培训、经典传统诵读、手工艺术装裱、启蒙教育等活动。

社区图书馆还利用传统节日对小朋友进行道德教育，助其成长。如母亲节为孩子购买康乃馨，举办"母亲节送给妈妈的祝福"活动；父亲节举办"爸爸我想对你说"诗歌朗诵会；教师节请退休教师与孩子共度节日；新春佳节为小朋友准备好"福"字、吊钱、对联，到社区的孤寡老人家中慰问……这些举措能够有效地帮助孩子们融入城市生活，真正影响他们成长的轨迹。

新疆路社区图书馆注重传承"学有所乐，学有所为"的理念，在 12 个社区发起寻找"书香之家"的活动，深入挖掘普通家庭的藏书、读书故事。评选"书香之家"是继"童阅讲堂"后书吧举行的又一项突出特色活动。"书香之家"代表在全街各社区进行巡回宣讲，对于培养社区读书风尚，推动书香社区建设起到了示范引领作用。

为扩大阅读参与范围，更好地满足不同人群的阅读需求，书吧坚持"一切为了读者"的服务原则，将"图书漂流"活动向部队、学校、工地和养老院等单位延伸，先后在南京路现代城二期项目工地、晟世老人院、第十九中学、消防三中队、保洁队、太阳村儿童收养院等单位建立了"流动图书站"。通过"图书漂流"等形式扩展阅读覆盖面，为社区图书馆的发展注入了新的活力。

除了上述品牌、系列活动，新疆路社区还以图书为纽带，以书吧为阵地，扩大文化惠民服务内容，面向社区开展其他各类型的活动，如好书推荐、读书节、读书故事会比赛、科普知识有奖问答等，并以数字图书馆推广为切入点，开设电脑公益培训，帮助社区老年读者解决电脑问题，以融入信息时代。

新疆路社区图书馆的阅读推广工作，根植于基层，依托于社区党委和居委会打造"平安社区民心工程"。由于社区老年人多、困难家庭多、流动人口多，只有紧紧围绕解决群众生活的热点问题、解决制约发展的难点问题、解决社区建设中的重点问题开展工作才是社区建设的根本。工程以提高文化品位、提升文明程度为重点，针对居民群众对精神文化生活需求的不断扩大，以文化活动为载体，倡导和谐文化建设，提高居民群众思想、文化、道德素质。具体措施包括整合社区内各种教育文化资源，扩大社区文化阵地功能。开办阅览室、电教室、聊天室和兴趣小组，开办社区太极拳班、英语学习班、电脑学习班，成立社区编织社、社区健身队、社区太极拳队等团体。借助家庭学堂、社区党校、市民学校等可以有效地整合社区内各种教育文化资源，扩大社区文化阵地功能[①]。

三、长沙市丰园社区

丰园社区成立于 2009 年 6 月，位于长沙市雨花区洞井街道，辖区面积约 1 平方公里，居民 8156 户。根据雨花区委、区政府的部署，为推进"书香雨花"建设，雨花区文体新局从打造"书香社区"入手，以丰园社区为试点，倾力打造丰园图书馆和丰园社区 24 小时自助图书馆；指导成立"丰园读书俱乐部"；联合雨花区作家协会、"书香雨花"读书会等机构，整合周边高校资源，成立了由 100 多人组成的"读书推广会"。

基于社区地理位置偏僻、经济基础薄弱、文化土壤贫瘠的现状，社区领导班子提出了"文化立社"的理念，以文化为犁，开垦贫瘠土壤；以教育为水，浇灌荒漠新芽。具体举措包括以下两个方面。

（1）克服困难，完善硬件设施建设。丰园社区地处城乡接合部，基础差、底子薄，综合文化服务中心的设施设备严重陈旧老化。2016 年，社区克服困难，完成了文化活动场所的改造建设，建设了包括篮球场、网球场、全民健身设施、室外棋台等设施，把原面积 30 平方米的图书室改扩建为上、下两层，共 220 平方米，集儿童绘本阅读、电子阅览、成人借阅服务于一体的、具有现代气息的综合性图书馆；建造了一个包含多媒体电脑、音响功放设备、投影仪等教学器材的活动室，可同时供百人开展活动。

（2）整合社会资源，满足多元文化需求。丰园社区居民构成复杂，以农村人口、外来人口为主，且有大量残疾人、困难家庭落户，对于文化的需求具有多元性、层次性和复杂性的特点。针对这种情况，社区党组多方联动，积极联系非营利机构和公益组织，运用第三方运营的方式为社区居民提供服务。如引进"星苑自闭症儿童培训中心"，为辖区内残障儿童实现常态化生活提供服务，并为患儿家庭

[①] 翟昌民. 中心城区社区党建研究：天津市和平区社区党建工作解析［M］. 北京：中共党史出版社，2009.

提供必要援助，构建和谐社区；引进"晴天公益就业援助中心"，为16~60岁残障人士提供职业评估和生活技能培训、就业辅导等服务，同时为辖区内低保人员和家庭困难人员提供就业机会，实现社区稳定；引进"好乐家成长中心"，针对不同年龄、不同文化背景、不同经济状况，为社区居民量身打造文化活动体系。

丰园社区以图书馆为中心，组织开展各类社区活动，积极打造文化亮点，推进特色文化服务。

（1）根据辖区居民的实际需求，把家庭亲子教育活动作为活动重点。结合阅读推广活动，社区坚持"陪伴是给孩子最好的爱"的教育理念，定期举办"国学亲子诵读""亲子绘本阅读""亲子手工""亲子烘焙"等系列文化活动，让学习型家庭成为社区新风尚。同时，也为邻里、家庭之间搭建了交流平台，促进了社区和谐。

（2）开设市民学校和道德讲堂。社区图书馆邀请众多教师、教授开展一系列教育讲座。针对孩子成长过程中的心理问题案例，专家们深入浅出地诠释亲子关系的重要性，帮助家长和孩子更好地减少沟通障碍。在引进外部资源的同时，社区充分利用内部资源，社区主任、书记和工作人员定期开展"道德讲堂"活动，从思想道德、环保、健康、安全、消防等各个方面为居民授课。

（3）针对辖区内残疾人、五保户、困难家庭等弱势群体集中的特点，丰园社区图书馆联合"星苑自闭症儿童培训中心"和"晴天公益就业援助中心"，举办形式多样的阅读分享活动，比如"国学实践分享""美文阅读分享会""残疾人歌唱比赛"等。

（4）推广电子阅览方式，提供数字化服务。丰园社区图书馆在传统书籍借阅渠道的基础上更新硬件设施，配备了10台电脑，免费供居民使用。另外，还配有投影、音响等设备，为活动宣传讲解提供便利。

（5）普及、传承优秀传统文化。社区多次举办"三月阅读推荐会""图书漂流活动""猜灯谜""《弟子规》经典诵读"等活动，以书籍为平台，以阅读为渠道，实现书香教育，传播中华优秀传统文化。

2018年5月，丰园社区又引进一辆电动面包车，为居民提供服务。这辆面包车被称为"初心讲习所直通车"，长8米、高3米，这辆"直通车"流动送知识，目的就是让居民不忘初心、践行梦想。居民在车上不仅能阅读书刊，还能聆听专家学者和社区名嘴说政策、教技能。"直通车"上装载有200余册书籍，内容包括党建知识、历史、文学等。车厢内还设有条形座椅、电视机，居民们既可现场阅读，也可借书回家。书架间还特别设置了一处讲台，供宣教讲座使用。"初心讲习所直通车"成为社区推广阅读和传播文化的又一项惠民举措。

丰园社区始终秉持"文化立社"的中心理念，潜移默化地影响居民精神文化生活，依托图书馆开展形式多样的主题活动，推进全民家庭教育、文化教育和道德教育。

四、乌鲁木齐市佳和社区

佳和社区成立于2010年9月，位于乌鲁木齐市米东区碱沟西路1233号，辖区总面积0.5平方公里，人口5000余人，其中0~6岁儿童有600人左右。米东区图书馆佳和社区分馆成立于2016年1月，建筑面积210平方米，包括图书阅览室和公益儿童绘本馆，藏书总量5220册。

在西路片区党工委和乌鲁木齐市米东区图书馆的支持下，佳和社区工作人员积极倡导和宣传全民阅读的理念，将"读书是一种需要"上升为"读书是一种有益的生活方式"，使居民们学会享受阅读、享受教育和享受人生。

为了在居民中倡导"人人都读书，人人爱读书"的思想，在"全民读书月"活动中，图书馆、西路片区管委会、佳和社区共同开展了"悦读，在路上——书香米东·全民阅读"图书馆分馆揭牌仪式，组织了佳和社区"百日文化广场"活动、"书香润佳和，浓浓粽香情"包粽子比赛，组织观看了由佳和社区民间艺术团演出的文艺节目。图书馆在活动现场发放宣传单3000份，向前来参加活动的社区居民赠送健康类图书150册，给小朋友发小奖品200份。通过举办活动，激发了居民的读书兴趣，营造了浓厚的书香氛围，形成了有特色的书香社区。

为了让读书活动有步骤、有秩序地顺利开展，社区图书馆制订了详细的活动方案，落实了以下措施：

（1）加强组织领导。将建设书香社区活动纳入社区文化建设重大工程，成立了以社区书记为组长的领导小组，制订活动计划，选派了两名专职人员担任图书馆员。

（2）加强社区公益儿童绘本馆和阅览室建设，完善管理制度。在米东区图书馆的支持下，建立了米东区图书馆分馆图书阅览室，不断添置图书，解决了市民"买书难，借书难，看书难"的问题，满足了未成年读者和成年读者多样化、多层次的阅读需求。分馆购置了寄包柜、防盗仪、歌德电子借阅机等设备。图书馆有电子图书3000册，每月更新150次；有期刊100种，报纸3种，实时更新。电子借阅机通过手机扫描二维码可以下载图书，方便快捷，丰富了社区居民的阅读资源。

（3）制定图书室借阅管理制度，图书按照"农家书屋"的标准进行分类、编目。图书阅览室免费开放。绘本馆已成为小朋友借书、阅读的港湾，暑假期间，来绘本馆阅读的家长、孩子天天满员，小朋友享受到了读书的快乐。

社区十分重视未成年读者的阅读需求。2016年年初，米东区图书馆得知佳和社区成立公益儿童绘本馆但儿童绘本图书不足后，积极协调，向儿童绘本馆赠送绘本图书813册，并对社区图书馆员进行图书分类、编目方面的培训。2016年1月15日，"六点半课堂"开课。"六点半课堂"主要服务辖区内及周边儿童，设置多个班级。该课堂除了辅导学生作业以外，还对学生的课程进行查缺补漏式辅导，并开展经典诵读、手工制作等培训课程。社区利用图书室、心理咨询室和家长学校，开展"读一本好书"诵读会、"亲近书本，从小做起"朗读比赛、"七步带你读懂图画书"主题讲座等活动，不仅有效地解决了"放学后儿童哪里去，放假后儿童谁来管"的问题，而且还丰富了孩子的课外知识，让更多的孩子爱上阅读。社区还招募辖区教师、文学爱好者、学生家长等，成立了"启明星志愿服务队"，每月两次组织志愿者做义工，同时累积积分，让志愿者的孩子免费借阅绘本或换取相应服务。为了让孩子读懂绘本，图书馆与佳和社区共同邀请全国著名儿童文学家、绘本研究者、翻译家彭懿博士来到米东区进行《聆听彭懿发现绘本之美，七步带你读懂图画书》的专题讲座，邀请社区居民500余人参加了讲座活动，并发放宣传单1500份。此次活动的开展让更多家长认识到为何要给孩子读绘本，以及如何让孩子爱上阅读，成为自主、热诚、终身的阅读者。

2017年，西路片区管委会佳和社区被乌鲁木齐市米东区文明委授予"全民阅读·书香米东"读书驿站称号。"全民阅读·书香米东"是米东区参与创建全国文明城市的一项重要内容，依托全区建立 171 个"读书驿站"，米东区通过不断完善基层读书资源、举办各类读书活动，进一步调动全民阅读的积极性，推动全民阅读形成良好的社会氛围。米东区文明办还将"读书驿站"活动的开展情况、图书利用率等纳入精神文明单位创建届中考核和届满复验考核，以及乡镇、片区（街道）公共文化事业经费使用情况考核之中，通过"读书驿站"把原有的社区（村）图书室重新有效利用起来，为全民阅读助力，为首府创建全国文明城市助力。

佳和社区通过读书活动的开展，社会教育资源得到挖掘和利用，为全民学习、终身学习搭建平台，提高了社区群众的整体素质。

第二节　乡村阅读推广经典案例

一、中山市小榄镇"i 分享"活动

小榄镇是广东省中山市北部工商业重镇，是"中国菊花文化艺术之乡"，有着 860 多年的历史。全镇总面积 75.4 平方公里，常住人口 32.35 万。2015 年，小榄镇根据第一批创建省级公共文化服务体系示范项目建设的总体部署，致力于基层公共图书馆服务体系建设与优化，同年被中共中央宣传部评为"第六届全国服务农民服务基层文化建设先进集体"。

小榄镇积极推动总分馆体系建设，通过一体化和专业化管理，整合与优化现有公共图书馆资源，实现各图书馆之间的资源共享和服务互动互联。全镇 16 个公共图书馆藏书 21.7 万册，市图书馆藏书 287 万册，分摊馆藏量 29.8 万册。小榄镇总馆藏量 51.5 万册，人均 1.6 册；人均年增新书 0.06 册次；年到馆 39 万人次，人均到馆 1.2 次。依托中山市公共图书馆数字资源，建设科学合理、富有本土特色的数字图书资源体系。利用 RFID 技术，购置自助借还机等设备，实现图书馆管理与服务智能化。

小榄镇于 2015 年成立了公共图书馆服务体系建设领导组，通过多部门协调联动和政策配套，发挥政府、部门、社区的协同作用，调动全社会共同参与公共图书馆服务体系建设。小榄镇十分注重各类读者群体的需求,通过延伸网络服务、加大技术投入、提升服务项目等方式,扩大公共图书馆服务的覆盖面和效能,如建立数字图书馆、智能图书馆等。通过广东省公共文化服务体系示范项目的创建工作,小榄镇以读者阅读需求为切入,通过加大经费投入,鼓励各馆积极开展读书活动和各类读者服务工作。

一是继续办好品牌读书节。小榄镇举办宣传品设计、"儿童故事大王"、手抄报比赛、"书送幸福"(书刊赠阅)、亲子阅读等读书节特色活动,每年吸引广大市民踊跃参与。同时,也关注社会热点和群众喜爱的阅读方式,先后推出"微书评""一句话故事"、感恩明信片邮寄、小榄故事漫画比赛等新颖的读书活动,对象覆盖全社会各年龄、各阶层和各领域的读者。小榄镇还以专项资金补助的形式,鼓励社区多策划受众面广、效应显著的读书活动。各社区依靠自身的资源优势,举办特色读书活动,活动质量和影响力不断提升。

二是组织读者分享活动。针对读者"渴望阅读却不知从何读起"的状况,小榄镇图书馆开展"i分享"活动,以阅读分享促进馆藏资源的推广。

i分享,可以理解为"i share·爱分享·我分享",通过由图书馆文化志愿者开展阅读推广活动,让读者与图书资源产生积极的互动,践行图书馆"智惠服务·共享悦读"的理念。i分享活动源于2011年11月创办的i分享读者俱乐部。成立之初,俱乐部每月设立主题,通过在馆内宣传栏选登阅读心得,与其他读者分享阅读乐趣和图书资讯,还不定期组织夜游水色匝、阅读交流会等主题活动。活动让来自各行各业有爱好、有才艺、有经历、有技能的读者通过图书馆平台与其他读者分享自己的爱好专长,并推荐书籍进行延伸阅读。

2012年小榄镇公共图书馆体系建成以来,实现了镇、社区图书馆二级互联,打破了过去条块分割、各自为政的局面,有力地促进了图书资源的共建共享,为"i分享"在全镇范围内全面铺开打下坚实的基础。2014年下半年,图书馆重新制订了"i分享"计划,将"i分享读者俱乐部"更名为"i分享读者活动",以更广阔的视野关注阅读、推广阅读。改革后的"i分享",形成了"以互动交流为形式,由有爱好或才艺、有历练或故事、有想法或见解的文化志愿者担任分享人"的读者活动。分享活动涉及各行各业,务求贴近读者、贴近生活,累计开展了93个项目,

288 场志愿活动，志愿服务达 2304 小时，受益读者 7766 人次。2016 年，图书馆将 i 分享活动拓展到全镇 15 个社区。为了更好地推广工作经验，小榄镇图书馆建立了管理员分工驻点联络的工作制度，通过实地走访、密切通讯、接受群众反馈的形式，指导社区图书馆规范日常馆务，积极开展 i 分享等读者活动。

i 分享活动场地、耗材以及组织等费用均由图书馆承担，所有持证读者均可免费报名参与。活动集结了一批来自社会各界的文化志愿者，从最初的馆员带头分享和邀约分享人，发展到读者主动申请成为分享人和文化志愿者。同时，形成相对成熟的文化志愿者管理机制，包括建立分享人资源库等。

基于"i 分享"等优秀品牌活动，小榄镇基层公共图书馆服务体系通过了第一批广东省公共文化服务体系示范项目验收。2015 年，小榄镇图书馆 i 分享读者活动荣获中山市"文化志愿服务优秀项目"；2017 年被评为广东省公共文化服务优秀案例。

二、慈溪市"文化礼堂"与"乡村书房"

慈溪是浙江省宁波市下辖县级市，长三角南翼环杭州湾地区沪、杭、甬三大都市圈中心，市境总面积 1154 平方公里。2017 年末全市拥有户籍人口 1052731 人，其中乡村人口 282942 人，占全市总人口的 27%。

慈溪市地理位置优越、经济发达、文化事业繁荣，因此在乡村阅读推广工作中投入了较多人力、物力和财力，取得了良好的效果，起到了模范示范作用。慈溪的乡村阅读推广形式多样、载体丰富，除了传统公共图书馆的阅读推广外，"文化礼堂"和"乡村书房"是其亮点特色。

2013 年，浙江省针对农村文化资源分散、内容单一、利用率低等问题，在农村大力推进"文化礼堂"建设，完善农村公共文化服务，丰富群众精神文化生活。"文化礼堂"是通过整合行政村现有宣传文化设施，面向农民群众开展主流价值弘扬、理论政策宣讲、乡土文化展示、乡风文明传播、礼仪礼节教化、知识技能普及、群众文体活动的文化综合体，是当代农村的文化地标和农民群众的精神家园。截至 2017 年年底，全省已建成 7916 个"文化礼堂"。计划到 2020 年，建成万个农村"文化礼堂"，实现全省 50% 左右的行政村建有"文化礼堂"、中心村基本上建有农村"文化礼堂"、覆盖80%以上的农村人口的目标。"文化礼堂"把着眼点放在展现人文之美、丰富群众生活上，积极推进农村基层公共文化服务标准化、均等化，提高农民群众的文化生活品质，正成为厘清村史脉络、挖掘人文底蕴、记忆乡音、品味乡愁的神往之地。利用"文化礼堂"，通过培训班、讲座、讲坛、讲习班、研讨、现场示范、个别指导等形式，持续开展文体专家辅导活动[①]。

慈溪的"文化礼堂"建设以精神家园为主题，侧重集思想道德建设、文体娱乐活动、知识技能普及于一体，目标是建立以市重点文化设施、乡镇综合文化站和农村"文化礼堂"为主阵地的农村新型公共文化服务三级体系[②]。

慈溪市桥头镇毛三斢村建立首个"数字化农村文化礼堂"，与村史传承相结合，通过网络调查和实地走访等形式，深度挖掘，整合村内各项文化资源，将征集到的村史、村域名人、风土人情资料和实物建成展示窗、展示柜等；利用信息技术，结合该村文化特色，专门创作和设计村报、村歌和村徽，开通网上社区服务中心的微信公众平台，链接本地文化资源，欣赏村歌、阅读村报；挖掘特色模块，以全省首个"移动数字农家书屋"为载体，在"文化礼堂"中设置Wi-Fi，实现农村"文化礼堂"无线信号全覆盖，村民通过网上社区服务中心平台，随时免费体验文化资源。

慈溪市坚持"以文化为本、以礼仪为要、以建堂为重，提升文化阵地，增强农民群众的归属感和认同感"的基本定位，高标准建设"文化礼堂"。2018年4月，全省基层宣传思想文化工作暨农村文化礼堂建设工作推进会公布了2017年度验收合格的219个五星级农村文化礼堂，其中慈溪市崇寿镇傅家路村文化礼堂、宗汉街道联兴村文化礼堂、观海卫镇五洞闸村文化礼堂、龙山镇西门外村文化礼堂等四家上榜。

除了浙江省统一部署的"文化礼堂"，慈溪市还创新探索，通过与古建筑、田园农庄、茶馆民宿等多方合作，采用"共享图书"植入，推进"乡村书房"建设。

---

① 浙江省文明办.浙江大力推进文化礼堂建设　丰富群众精神文化生活［N］.中国文明网，2015-10-20.

② 慈溪市社科联.农村社区文化营造的策略探讨——以慈溪农村文化礼堂建设为例［J］.宁波通讯，2018（1）：72-73.

2017 年，慈溪市建成 28 家"乡村书房"。通过这些书房的"触角"，慈溪市图书馆年流转图书量逾 10 万册，服务读者超过 80 万人次。慈溪的乡村书房布点选址充分考虑传统文化传承、古建筑保护利用、交通便利性、服务半径、阅读需求等因素，采用众筹合作方式，多方共建，从书房选址、设计、文献调拨到日常开放管理，均注重引进社会力量的投入。乡村书房还注重盘活社会资源，充分利用文物古建筑、田园农庄、茶馆民宿等乡村"准娱乐空间"，来为公众提供公共文化服务。

"一起共享、一起分享"是乡村书房的服务理念。通过植入共享书单，培育阅读文化，用图书来实现文化的交流和传播。"公益、文艺、均等、便利"是书房的标签，让阅读者"随时随地有书读"。在布置和环境设计上，乡村书房注重时尚、文艺、精致的风格，同时结合所在乡村的人文色彩与生活风格，因地制宜培育阅读文化。凸显个性化特色，如桥头镇的秋雨书房，精选家乡名人余秋雨不同时期著作 200 余个版本珍藏。

慈溪脚踏实地地进行乡村阅读推广，丰富了市民的文化生活。不论是"文化礼堂"，还是"乡村书房"，都是实现乡村与城市文化资源公平的重要手段和实践探索。

三、定西市安定区"农家书屋"

随着农村经济的快速发展，农民的物质生活得到了极大改善。但与之相对的，农村文化设施和资源依旧匮乏，无法满足农民日益增长的文化需求。农村里长期以来积累的不良生活风气，如迷信、赌博等依然普遍存在。为了破解这一难题，引导农民的精神文化生活，国家正式启动"农家书屋"工程。2005 年 12 月，首批 15 家"农家书屋"在甘肃省兰州市、定西市和天水市正式挂牌。其中，定西市安定区就开放了李家堡村上堡子社等六个"农家书屋"。如今，安定区 292 个行政村"农家书屋"实现了全覆盖。

为确保"农家书屋"工程建设，定西市按照市财政每个书屋配套 1000 元、县区财政每个书屋配套 2000 元的标准，全面落实农家书屋配套经费。在建设中，各县区把农家书屋与村级办公场所、村级文化中心、农村党员干部远程教育点、农村文化信息资源共享工程相结合，以县区为单位统一购置书架和桌椅、统一配送图书和音像制品、统一制定各项制度及牌匾。

安定区李家堡村上堡子社的"农家书屋"，就设在村支书史正常家中。史正常是李家堡村的党支部书记、"农家书屋"管理员。史家是个普通的农家小院，正对大门的三间小屋门楣上挂着一块牌匾——"农家书屋"四个烫金大字引人注目。20多平方米的屋内，墙上悬挂着时任国家新闻出版总署副署长柳斌杰的题词：农家院落书飘香。靠墙立着书架，有文史、政策、信息、农技类图书及工具书等2000余册书籍。《图书借阅登记册》详细记录着借阅人姓名、借书日期、归还日期等。正面墙壁上贴着"莘莘学子光荣榜"，上面有10多张青年学子的照片。

李家堡村"农家书屋"是由甘肃省委宣传部、省新闻出版局主办，由甘肃省纸中城邦书业有限公司捐赠图书建成的。书屋建筑面积24平方米，有书架8个，各类图书2500多册，其中纸中城邦书业有限公司捐赠图书2150册，省新闻出版局配送图书350册，总价值约3.6万元。2006年5月3日，书籍和书架全部到位；5月5日，史正常编好书号，并登记造册；5月6日，书屋向群众全天候开放。书屋开放后，平均每天能借出15本图书，最多的一天借出了80多本。李家堡农家书屋作为全省首批"农家书屋"，受到了各级领导的关心。时任省、市领导都曾视察并指导过工作，时任国家新闻出版总署副署长柳斌杰题词，江苏省委宣传部曾组织20多人专程前来学习经验，新华社、《光明日报》《人民日报》《经济日报》、中央电视台等各大媒体都宣传报道了书屋的建设和运转情况。

"农家书屋"大多建在村部或村文化室，不能做到全天候对村民开放，影响了村民的借书积极性。要建在农家，必须选好管理员，管理员要有甘心奉献的精神，否则容易造成书籍的流失和损坏，也无法很好地服务村民读者。另外，政府要适度扶持。除了增加数量，还要适当扩大已建"农家书屋"的规模，定期更新图书。更新图书的办法，一是"农家书屋"之间互相交流；二是政府拨款购买；三是呼吁社会捐献[①]。李家堡村"农家书屋"就像一扇窗户，村民可以通过这扇窗了解社会、学习知识、掌握致富技能。李家堡村"农家书屋"已逐渐成为群众学文化、学技术的好帮手，以及陶冶情操、丰富知识的精神乐园。2008年，李家堡村"农

---

① 朱红霞.农家院落书香浓——安定区李家堡镇李家堡村上堡子社农家书屋采访见闻[N].定西日报，2007-04-22.

家书屋"被表彰为"全国服务农民服务基层文化建设先进集体"[①]。

安定区为提高"农家书屋"的建设水平，注重从资源、服务等多方面进行提升。2016年，安定区文广局和安定区委党校联合举办全区"农家书屋"管理员培训班，来自全区各乡镇的文化站站长及村"农家书屋"管理员参加了培训。培训内容涉及"农家书屋"的基本知识、基本服务，管理员的职责及具体管理工作。通过培训，一方面使基层图书管理人员的业务水平得到了进一步提高，另一方面确保了"农家书屋"的藏书得到有效的保管和利用，真正使"农家书屋"充分发挥其应有的惠民、富民作用。党的十九大召开以后，安定区利用冬日农闲，将《党的十九大报告辅导读本》《十九大党章修正案学习问答》《习近平谈治国理政》等书籍送到全区的每一个"农家书屋"。每天都能吸引不少村民前来借阅，"农家书屋"成了村民们学习党的十九大精神的好去处。

四、商务印书馆"乡村阅读中心"

要做好全社会的阅读推广工作，仅仅依靠图书馆的力量是远远不够的。特别是在边远的山区、农村，公共图书馆的服务往往难以覆盖，需要各部门联动，如"农家书屋"就是一种可喜的尝试。2016年，商务印书馆落实建设"乡村阅读中心"，成为乡村阅读推广的一项新举措。

商务印书馆根据不同群体的特殊需求，针对机关、企业、学校、乡村、社区、家庭、军营等群体，开展细分化的阅读推广活动。如针对乡村阅读，进行了以"乡村阅读中心"推动乡村阅读的模式探索，在河北、山西、安徽、天津建立了五家"乡村阅读中心"，为偏远山区提供图书资源[②]。

2016年3月23日，首家"乡村阅读中心"在河北省武安市阳邑中心学校揭牌，探索以学校辐射村镇的乡村阅读推广新模式。商务印书馆向该校捐赠工具书、经典著作、普及读物以及"三农"类图书计1000余册。阳邑中心学校的"乡村阅读中心"并非一个单纯的图书汇集点，其主要任务是以雄厚的专家资源做支撑，

---

① 姚秀敏.翰墨书香飘农家：我国新时期农家书屋建设研究［M］.石家庄：河北人民出版社，2015：117.

② 王坤宁，李婧璇.出版社交阅读推广新答卷［N］.中国新闻出版广电报，2018–04–23.

对教师进行阅读培训和指导，让乡村的中小学生掌握科学的阅读方法，养成良好的阅读习惯。同时，依托学校资源和场地来影响村民，把农村、城市社区公共阅读服务资源整合和互联互通，探索一种以学校辐射村镇的乡村阅读推广新模式。此外，商务印书馆也派编辑到乡村阅读中心支教，用教育、阅读和文化带动乡村发展。成立活动当日，商务印书馆为阳邑中心学校下辖的武安市阳邑镇柏林中心学校、武安市阳邑镇南丛井中心学校、武安市阳邑镇南阳邑中心学校等七所学校授予"重读经典·倡行价值阅读示范学校"的称号。"重读经典·倡行价值阅读"行动由商务印书馆联合北京师范大学、中国人民大学文学院、北京智慧熊文化传媒和众多知名学者发起，旨在引领传统阅读、倡导价值阅读[①]。

2016 年 10 月 19 日，安徽省绩溪县上庄毓英学校"乡村阅读中心"成立，这是全国第二家"乡村阅读中心"，也是安徽首家乡村学校图书馆。2017 年 4 月 11 日，山西首家"乡村阅读中心"——良户书院在中国历史文化名村山西高平良户村揭牌。

2017 年 4 月 15 日，天津市蓟州区西井峪村拾磨书店"乡村阅读中心"揭牌。西井峪是天津市域内知名度较高、规模较大、传统风貌保存较完整的历史村落，保留了 18 亿年前地质地貌的"大地史书"，具有重要的历史、文化和艺术价值。结合西井峪独特的文化价值，商务印书馆决定将越来越多的好书与文化服务送到西井峪，带动城乡阅读文化事业的发展，丰富京、津、冀一体化建设的精神内涵。西井峪乡村阅读中心因其连接城乡的独特地理位置与文化特色而备受瞩目，拾磨书店作为汇集京津阅读生活的文化驿站，将乡村文化与城市精神完美融合，是乡村阅读中心的特色代表。除拾磨外，西井峪村的文化特色还体现在对历史遗存的保护上，恢复了皮影坊、草编坊、缝绣坊等十个手工作坊。未来，阅读中心还会逐步挖掘其文化价值，力争将每一个文化意象通过阅读活动的形式挖掘出来。揭牌仪式后，阅读中心还举办了旧书市集、换书交流会、朗读会等文化活动。参加活动的村民与读者都纷纷表示，"乡村阅读中心"给了他们一个很好的阅读空间，期待有更多的好书与活动走进西井峪[②]。

---

① 全国首家"商务印书馆乡村阅读中心"在河北揭牌［N］.中国新闻网，2016–03–23.

② 商务印书馆乡村阅读中心天津西井峪拾磨书店正式成立［EB/OL］.［2017–04–16］.http://www.sohu.com/a/134279389_228930.

近年来，商务印书馆"乡村阅读中心"建设已经在全国各地初具规模，与"阅读体验店"的城市阅读体系建设相得益彰，并进一步打造为"全民阅读促进中心"。商务印书馆结合自身的文化学术资源，聘请业界相关领导、专家学者、知名媒体人、语文教学专家、知名阅读推广人等组成顾问委员会、战略规划委员会、学术委员会、阅读推广委员会等，开展对全民阅读的难点、推进路径、专业书目研发、分众阅读等进行研究，定期发布全民阅读研究报告，积极参与公益阅读推广，以期能为不同单位和个人的阅读提供专业的阅读指导，为国家的全民阅读大政方针建言献策，联合社会各界在不同层面、不同地区、不同领域切实促进全民阅读工作，积极提供文化服务。商务印书馆不仅为已建立的"乡村阅读中心"捐赠经典书籍，而且还利用自身的优质资源，为乡村阅读推广提供专业的阅读指导和规划，将"乡村阅读中心"打造成一个乡村阅读推广的源头。

2017年12月30日，商务印书馆总经理于殿利做客电视节目《开讲啦》担任主讲嘉宾。在节目中，于殿利谈到这几年来最重要的一项工作是在乡村设立了"乡村阅读中心"。他的理想是在全国每个省各选一家"乡村阅读中心"，标准的做法是建立一座乡村图书馆，以商务印书馆出版的精品图书为标配，同时培训乡村教师。

由于大多数乡村经济实力有限，村民又长期没有养成阅读的习惯，因此在乡村做阅读推广需要投入比城市更多的人力和物力，这不仅需要相关政府机关单位和公共图书馆进行财政、资源投入，还需要企业担负起社会责任，进行公益推广，形成乡村阅读推广的多元化发展。

总结

可以看到，如今我国的社区与乡村阅读推广事业已经取得了一定的成就，从政府到公众，从图书馆到企业，从城市到乡村，各类主体采用各种各样的形式创新推动阅读推广事业的发展。在各方的共同努力下，社区与乡村的阅读状况有所改善。但是，我们必须承认，从整体上看，社区与乡村阅读推广发展得不够均衡，地区差异性大。要在全国范围内开展社区与乡村阅读推广仍旧任重而道远，需要各界的共同努力。

第七讲

书香城市（区县级）、书香社区发现活动

2014 年，为指导各地开展书香城市（县级）、书香社区建设工作，中国图书馆学会启动书香城市指标研究及推广项目，并在发布书香城市（县级）、书香社区标准指标体系的基础上，相继举办了 2016 年"书香城市（区县级）"发现活动和 2017 年"书香社区"发现活动，涌现了一批保障体系完善、社会参与度高、创新性强、阅读推广成效显著的书香城市（区县级）、书香社区，为各地区的书香建设提供了较好的借鉴作用。

建设书香社会有利于增强中华民族的文化自信和创造能力，提高国家文化软实力；建设书香社会有利于提升全民族的思想道德和科学文化修养，培育和践行社会主义核心价值观；建设书香社会是促进经济转型升级，创新驱动发展的重大举措，有利于社会的和谐稳定。

第一节　活动简介

一、活动背景

文化部公共文化司于 2014 年委托中国图书馆学会开展书香城市指标研究及推广项目，期望通过制定并发布书香城市（县级）、书香社区标准指标体系，指导各地开展书香城市（县级）、书香社区建设工作。通过指标体系的建设，推进

基本公共文化服务标准化、均等化的方针政策，促进和完善公共文化服务体系及城乡一体化建设，发挥那些社会参与度高、创新性强、阅读成效显著的城市（县级）和社区的典型示范作用，促进书香社会建设，倡导并推动全民阅读。

为此，中国图书馆学会组织专家成立课题组，通过充分的调查研究，结合国内实际及未来发展趋势制定出书香城市（县级）、书香社区标准指标体系。在2015年"世界读书日"期间，中国图书馆学会联合内蒙古图书馆学会、宁波市图书馆、广西壮族自治区图书馆等多家单位面向全国图书馆发布了书香城市（县级）、书香社区标准指标体系，为我国书香城市的建设提供依据。

二、评选指标体系的出台

《标准体系》的指标设定，考虑到我国地域广袤，区域经济发展和公共文化服务水平不平衡，借鉴创建国家公共文化服务体系示范区的经验，将指标分成东部、中部、西部三个部分。北京、天津、辽宁、上海、江苏、浙江、福建、山东和广东等9个省市对应东部标准，河北、山西、吉林、黑龙江、安徽、江西、河南、湖北、湖南和海南等10个省级行政区对应中部标准，四川、重庆、贵州、云南、西藏、陕西、甘肃、青海、宁夏、新疆、广西、内蒙古等12个省市（自治区）对应西部标准。在分析相关数据时，也按此划分东、中、西部。

东、中、西三个地区的指标需要平衡，承认地区之间存在合理的差异，其比例关系需要具有科学性，因而在指标中需要比较准确地掌握东、中、西三个地区的实际情况。根据邱冠华等专家的研究，本指标采用了三个办法来寻找各地区之间存在的差异。

一是用三个地区2011-2013年三年的地方公共财政收入的平均数作为地区之间的经济差异依据，这些数据作为《标准体系》中与硬件建设、经费投入等相关的指标测算参考依据。

二是将2013年全国公共图书馆按东、中、西三个地区的数据，作为地区间公共文化建设基础差异的代表，用以计算三个地区在《标准体系》中公共文化相关指标。

三是以东、中、西三个地区的县级公共图书馆2011-2013年的统计数据作为依据，作为确定书香城市标准体系中与此相关指标的参考依据。

另外，《标准体系》在计算指标值时，除了遵循党和国家的一系列政策法规外，还主要参考了《中华人民共和国国民经济和社会发展第十二个五年规划纲要》《公共文化体育设施条例》《国家基本公共服务体系"十二五"规划》《国家"十二五"时期文化改革发展规划纲要》《文化部"十二五"时期文化改革发展规划》《文化部"十二五"时期公共文化服务体系建设实施纲要》《文化部 财政部关于开展国家公共文化服务体系示范区（项目）创建工作的通知》和标准、中共中央办公厅、国务院办公厅《关于加快构建现代公共文化服务体系的意见》，以及公共图书馆、文化馆（站）等公共文化设施建设标准、用地指标、评估定级标准等，包括参考了《"书香苏州"建设指标体系》《张家港市"书香城市"建设指标体系（试行）》和美国、英国、加拿大、德国、俄罗斯、新西兰等发达国家与阅读相关的规定与服务政策。

第二节　2016年书香城市（区县级）发现活动

一、活动简介

全民阅读，是立足中国文化，提高中华民族素质与竞争力的重要举措。李克强总理在2015年的《政府工作报告》中明确提出"倡导全民阅读，建设书香社会"的要求。深入开展全民阅读活动是一项长期性任务，是各级政府的重要职责。

根据《书香城市（县级）、书香社区标准指标体系》，由中国图书馆学会主办，中国图书馆学会阅读推广委员会、宁波市图书馆承办，中国图书馆学会阅读推广委员会社区与乡村专业委员会协办的2016年"书香城市（区县级）"发现活动，于2016年7月初正式面向全国启动报名，11月结束，共历时半年。2016年6月20日，第一次专家会议在宁波市图书馆召开，会议由中国图书馆学会副秘书长仲岩主持，中国图书馆学会阅读推广委员会王余光、李东来、邱冠华、徐雁、赵俊玲、李西宁等几位专家悉数到场，就评定细则、申报内容和评选流程及时间节点等问题进行商讨，并初步达成一致意见，进一步明确了活动范围、申报资格、申报程序、平台设置等内容。见图 7-1。

图 7-1　2016 年 6 月 20 日，2016 年"书香城市（区县级）"发现活动第一次专家会议在宁波市图书馆召开

2016 年 7 月 5 日，中国图书馆学会正式下发了《关于举办 2016 年"书香城市（区县级）"发现活动的通知》，通过层层推进的方式下达到全国各大城市。此次书香城市发现活动得到了全国各级政府的高度重视和关注，全国各地区、各部门积极联动，互相沟通，四个月来，共吸引了 31 个省、市、自治区 56 个城市（区县级）申报，申报地区覆盖东北、华北、华南、西北、西南、华中、华东等地区。经过工作组的初步筛选，共有 44 个申报地区入围本次发现活动的最终评审。

2016 年 10 月 26 日晚，发现活动专家评审会议在安徽铜陵市图书馆召开。中国图书馆学会秘书长霍瑞娟、副秘书长仲岩、中国图书馆学会阅读推广委员会王余光、李东来、邱冠华、徐雁、赵俊玲、李西宁等几位专家齐聚一堂，就必备条件、基本情况、创新亮点等内容对 44 个申报地区进行商讨，结合申报城市的材料，兼顾地域平衡，以投票的形式，最终确定本次发现活动的 19 家入围名单。

见图 7–2（19 家公示文件）。

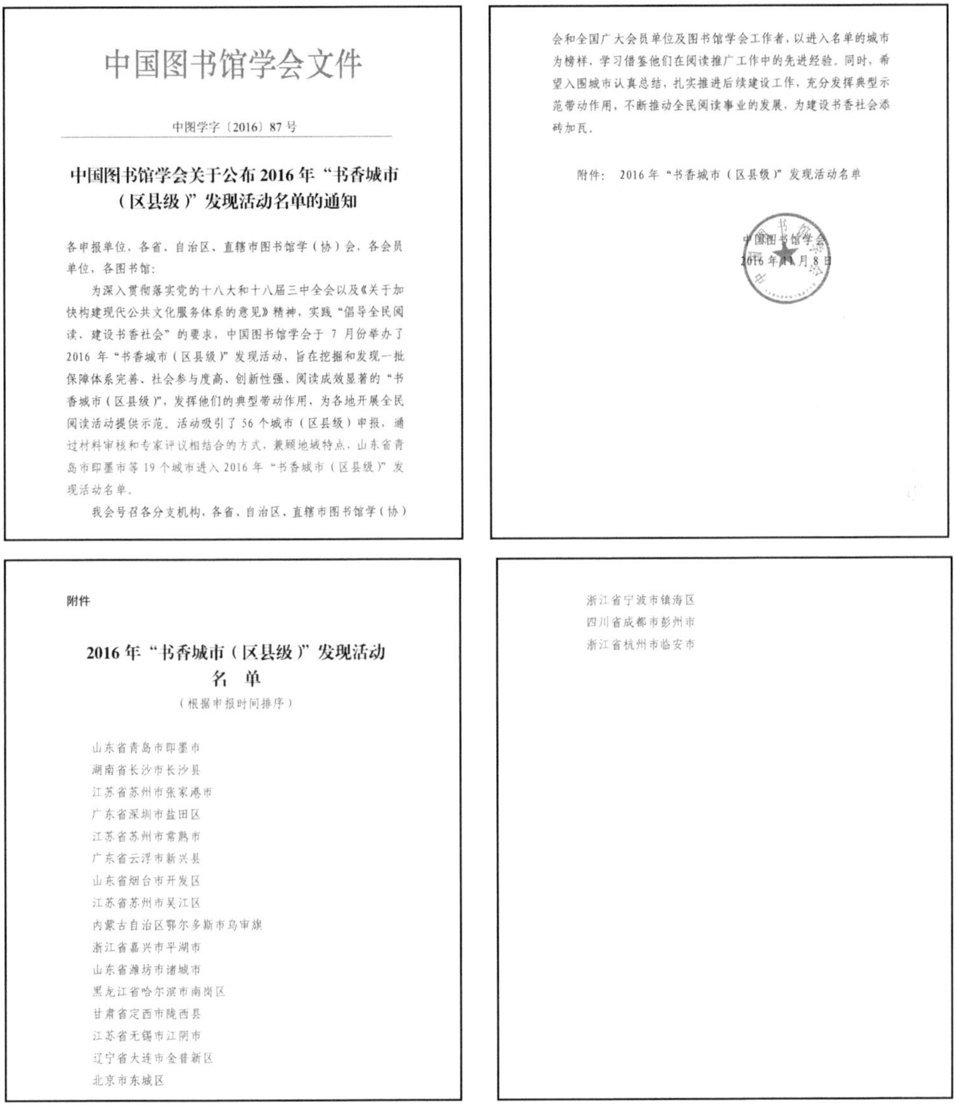

中国图书馆学会文件

中图学字〔2016〕87 号

中国图书馆学会关于公布 2016 年"书香城市
（区县级）"发现活动名单的通知

各申报单位，各省、自治区、直辖市图书馆学（协）会，各会员
单位，各图书馆：

为深入贯彻落实党的十八大和十八届三中全会以及《关于加
快构建现代公共文化服务体系的意见》精神，实践"倡导全民阅
读、建设书香社会"的要求，中国图书馆学会于 7 月份举办了
2016 年"书香城市（区县级）"发现活动，旨在挖掘和发现一批
保障体系完善、社会参与度高、创新性强、阅读成效显著的"书
香城市（区县级）"，发挥他们的典型带动作用，为各地开展全民
阅读活动提供示范。活动吸引了 56 个城市（区县级）申报，通
过材料审核和专家评议相结合的方式，兼顾地域特点，山东省青
岛市即墨市等 19 个城市进入 2016 年"书香城市（区县级）"发
现活动名单。

我会号召各分支机构，各省、自治区、直辖市图书馆学（协）

会和全国广大会员单位及图书馆学会工作者，以进入名单的城市
为榜样，学习借鉴他们在阅读推广工作中的先进经验。同时，希
望入围城市认真总结，扎实推进后续建设工作，充分发挥典型示
范带动作用，不断推动全民阅读事业的发展，为建设书香社会添
砖加瓦。

附件：　2016 年"书香城市（区县级）"发现活动名单

中国图书馆学会
2016 年 X 月 8 日

附件

2016 年"书香城市（区县级）"发现活动
名　单

（根据申报时间排序）

山东省青岛市即墨市
湖南省长沙市长沙县
江苏省苏州市张家港市
广东省深圳市盐田区
江苏省苏州市常熟市
广东省云浮市新兴县
山东省烟台市开发区
江苏省苏州市吴江区
内蒙古自治区鄂尔多斯市乌审旗
浙江省嘉兴市平湖市
山东省潍坊市诸城市
黑龙江省哈尔滨市南岗区
甘肃省定西市陇西县
江苏省无锡市江阴市
辽宁省大连市金普新区
北京市东城区

浙江省宁波市镇海区
四川省成都市彭州市
浙江省杭州市临安市

图 7–2　中国图书馆学会关于公布 2016 年"书香城市（区县级）"发现活动名单的通知

在第二届浙江全民阅读节暨 2016 宁波书展·宁波读书周期间，不仅对这 19
个地区进行了授牌，而且还举办了以"阅读与社会可持续发展"为主题的 2016
年"书香城市（区县级）"论坛。中国图书馆学会副理事长刘小琴、宁波市政协
副主席郁伟年等领导和专家及来自全国各个城市（区县级）文化主管单位负责人、
图书馆馆长等 100 余人参加。见图 7–3。

图7-3　2016年"书香城市（区县级）"发现活动授牌仪式

中国图书馆学会阅读推广委员会副主任邱冠华指出：开展书香城市建设的目的是为了推动全民阅读，而全民阅读的目的是为了培养国民阅读的兴趣，养成良好的阅读习惯，掌握正确的阅读方法。从社会发展来看，阅读能力是保障信息公平的重要载体，信息公平是社会公平的前提。通过阅读可以提高整个社会的文明程度，阅读是人和社会能够同步发展的重要途径。

图7-4　2016年"书香城市（区县级）"开放论坛

北京市东城区、黑龙江省哈尔滨市南岗区、江苏省苏州市张家港市、浙江省宁波市镇海区、山东省潍坊市诸城市、湖南省长沙市长沙县、广东省深圳市盐田区 7 个区、县作为 2016 年书香城市（区县级）代表参加开放论坛并参与主题交流。见图 7–4。

二、亮点概述

（一）全面构建"覆盖城乡、实用便利、运转高效、保障有力的公共阅读服务体系"，保障城乡居民平等享受阅读权益

以江苏省张家港市为例，作为唯一荣获全国文明城市"四连冠"的县级市，张家港市高度重视"书香城市"建设，以此作为推动全民阅读、深化文明城市内涵的重要抓手，推进各项工作在高平台上不断实现新跨越。全国首创的"'书香之县（市、区）'测评指标"项目入选国家新闻出版改革发展项目库，首创覆盖城乡的书香城市建设指标体系；首创分众化全民阅读引导机制；首创民间阅读推广人资格认证制度；首创试点建设 24 小时图书馆驿站。见图 7–5。

图 7–5　张家港市组织召开"'书香城市'建设指标"论证会

辽宁省大连市金普新区以构建"结构合理、发展平衡、网络健全、运行有效、惠及全民、覆盖城乡"的公共文化服务体系为目标，以"政府引导、群众主体、社会参与"为模式，逐步实现了"设施网络化、供给多元化、机制长效化、城乡一体化、服务普惠化"的公共文化服务新格局。尤其是在建设学习型城市、开展全民阅读活动的过程中，通过着力推进图书馆网络服务体系的跨越式发展，着力提供形式多样、内容丰富的全民阅读文化服务，打造书香城市、书香社区、书香家庭的全民读书氛围，加大文化投入，使公益性的文化事业特别是公共图书馆事业得以全面繁荣发展。见图7-6。

图7-6　金普新区首批开发区图书馆幼儿园分馆揭牌

（二）积极开展形式多样、内容丰富的全民阅读推广活动，全力满足各级读者的阅读需求

为倡导全民阅读、引领书香建设风尚，宁波市镇海区连续五年举办"书润雄镇"全民读书节，开展了"读者荐书""好书大家读"等系列活动；机关干部积极融入"书香镇海"建设，营造全员学习、终身学习的氛围，引领阅读风尚，区委中心组采用座谈研讨、专家辅导等形式，组织"干部夜学""干部讲堂"等系列活动；组织开展进企业、农村、社区、学校等各类全民阅读宣教活动 500 余场次，各类未成年人读书节活动上百场次。还深入各村社区举办电脑培训 30 多场次，各镇街道文化中心、村社区文化中心每年举办老年养生健康知识培训 100 多场次，满足广大老年读者便利性阅读需求。

（三）推行"图书馆 +"模式，建设全民阅读服务网络，重视"农家书屋"建设及培养民间阅读团体

长沙市长沙县域内有国家一级图书馆 1 个，下设"农家书屋"分馆 280 家，有设备完善的共享工程县级支中心和 251 个基层服务点。长沙县在全国首推《农家书屋评星定级与摘牌淘汰办法》（以下简称《办法》）考核书屋，《办法》按照书屋的星级规定举办阅读活动的场次，考核时需提供活动相关资料和图片佐证。考核统计，全县全年由"农家书屋"推广的"书香星沙"主题读书活动就达到 800 多场次。长沙县是积极引导民间阅读推广人队伍的发展，积极组织民间阅读推广人参加培训，制定出台优秀阅读项目、优秀民间阅读组织等系列评选表彰办法。全县共有"乐和大院"读书会、"星沙公益读书会"、自建书屋等社会阅读组织 46 家，开展各类主题读书活动 170 余场次。见图 7-7。

图 7-7　长沙县图书馆外景

（四）打破街区界限，统一服务制度，打造文化一体化格局

北京市东城区位于首都的中心城区，辖区面积41.84平方公里，常驻人口90多万人，两家区级图书馆读者众多。全区按照首都文化中心区这样一个定位来打造书香城市，坚持人在城中，城在文中，以文化城的理念，把书香都城、创意都城，凝造成一个大文化的文化格局。近年来，东城区以创建公共文化示范区为契机，打破街区的界限，实行三级网络（区级图书馆、街道图书馆、社区图书馆），利用统一的制度、统一的网络，保证老百姓出门10分钟一定能找到一个阅读空间。通过社会力量参与、政府购买服务等方式，积极打造书香城市建设。见图7-8。

图7-8　2017年东城区启动"东城100领读人计划"，积极构建共享型读书社群运营体系

（五）政府鼎力扶持，突破图书馆职能局限，实现全面联动

黑龙江省哈尔滨市南岗区在2013年获得了国家第二批创建公共文化示范区的资格，也是东部地区第一个有创建资格的城区。在创建之初就提出了文化立区，把构建公共文化服务体系与全民阅读活动相互结合的文化理念，积极推动全民阅读活动。政府将全民阅读纳入考核体系，建立统筹协调机制，整合文化资源，突破图书馆职能局限，实现全面联动。在互联网＋的背景下，建立了数字文化网，这是一个涵盖数字图书馆、文化馆、博物馆、文化体育旅游等资源的综合性服务

平台。此外，还建成了全省首家区级的总分馆体系，通借通还，让阅读更加便利、更加方便。文化主管部门争取区财政部门支持加大投入力度，建成了全省首家24小时自助图书馆，区图书馆连续几年获得"全民阅读先进单位"的称号。示范区的创建对全民阅读是一个很大的提升。见图7-9。

图7-9 南岗区建立解放小学阅读实践基地

三、活动经验总结

以宁波市镇海区为例。宁波市镇海区现辖4个街道和2个镇，常住人口43.8万，2015年地方财政收入首破百亿元，公共文化事业支出1.32亿元。镇海区是浙江省文化先进县（区）、全国文化先进县（区）。2015年，成功创建浙江省公共文化服务体系综合性示范区。

近年来，镇海区大力实施"文化提升发展"战略，推动"文化强区"建设，打造了区图书馆、镇（街道）图书馆、村（社区）图书馆总分馆模式，农家书屋、公共电子阅览室达到100%全覆盖，全区投放24小时自助图书馆14台、建立企业图书馆分馆11家，形成了常态化全民阅读服务网络体系。2016年，为落实李克强总理报告中提出的"倡导全民阅读，建设书香社会"，镇海区制定并发布《关于推进全民阅读　建设"书香镇海"的实施意见》，设立了以区长为组长的全民阅读领导小组，为书香城区建设提供了强大的保障体系，将"书香镇海"图书服务平台建设纳入全区惠民实事工程，形成了书香城市、书香社区、书香校园、网络书香等创建体系，机关、学校、工会、妇联、团委等广泛参与，全区、城乡、企业、商圈、公共场所等广泛覆盖，广大市民、企业、青少年、老年人等全民参与，打造了全域化、社会化、智慧化书香阅读之城，形成书香镇海"三动"创建模式。见图7-10。

图7-10　2016年，镇海培菊图书馆被中国图书馆学会评为"中国最美基层图书馆"

（一）政府发动，引领书香城区全民阅读

一是带头发动，倡导阅读。为倡导全民阅读，引领书香建设风尚，镇海区连续五年举办"书润雄镇"全民读书节，开展了"读者荐书""好书大家读"等系列活动，区委书记、区长带头推荐好书，报纸、网络等媒体开设"局长读书""书声朗朗"等专栏，引领机关干部参与阅读。2015年，全民读书节还发起"行进镇海·精彩故事"专题，利用@镇海发布官方微博，开展"点赞镇海"微型诗歌征集活动，推动了全民阅读活动的开展。

二是书香工程，助推阅读。2016年，书香镇海建设启动，计划在各镇街道

及公共场所建成 25 台云屏借阅机，内含 3000 本精品图书、云端 13 万册数字图书和 3 万册集听书，启动搭建书香镇海数字阅读平台，阅读客户端安装人数超过 5 万人，将全民阅读纳入惠民实事工程，普惠全民。

三是机关参与，融入阅读。机关干部积极融入"书香镇海"建设，营造全员学习、终身学习的氛围，引领阅读风尚，区委中心组采用座谈研讨、专家辅导等形式，组织"干部夜学""干部讲堂"等系列活动，要求各单位选读推荐书籍，倡导"深阅读、勤思考、勇实践"；区政府办开展了"打造一个机关书屋，开展一次荐书活动，撰写一篇读书笔记"的"读书月"系列活动，收到推荐书目 59 篇，读书笔记 21 篇，通过举办"悦读·分享"读书交流会，提升干部学习热情，推动书香氛围。

（二）全民齐动，构建书香城区全域阅读

一是全民参与打造阅读盛况。由全民阅读领导小组发起全民阅读节和终身学习周，倡议全民阅读，组织开展进企业、农村、社区、学校等各类全民阅读宣教活动 500 余场次。其中，区妇联开展"书香家庭"评选、"妇女职工读一本好书""亲子阅读联盟""荐书·阅书·换书·送书"等活动，送书 2000 多册，把阅读融入生活；区团委联合多家部门开展"锐蓝"公开课，为企业职工开展培训共计 24 期 1500 人次；招宝山街道发起"招宝·蒲公英"千人换书大会、蛟川街道发起的"书香蛟川图书漂流"等活动，共收到 5000 多本书籍，吸引 7000 余名读书爱好者，蔚为壮观。

二是广大学子营造书香校园。全民阅读的重点是校园阅读、广大未成年人和外来务工人员子女群体的阅读，每年组织各类未成年人读书节活动上百场次。其中，校园书香建设火热进行，有仁爱中学的"教师阅读文化节"、立人中学的"教师爱读联盟"、瀣浦中学的"班级读书会"、蛟川书院的"汉字英雄大赛"、应行久外语实验学校的"好书推荐微视频"、镇海区中心学校"晨间诵读、百篇推荐、书香中队、师生共读"、骆驼中心学校的亲子阅读、蛟川中心学校的读书节活动、九龙湖中心学校"App 师生阅读"等师生共读活动；还有以未成年人思想道德建设为主题，各图书馆、博物馆、文化馆、海防纪念馆等开展亲子阅读、书画比赛、读书征文、主题演讲、图书捐阅等活动；区图书馆每年举办"未成年人读书节"活动，打造出树袋熊少儿故事会、亲子阅读、巧手乐园、手工制作、跳蚤市场等系列活动，受到广大青少年儿童和家长的欢迎。

三是满足社会特殊群体的阅读需求。广大老年读者朋友的阅读需求受到重视，区图书馆每年举办老年读书看报活动，还深入各村社区举办电脑培训 30 多场次，各镇街道文化中心、村社区文化中心每年举办老年养生健康知识培训 100 多场次，满足广大老年读者便利性阅读的需求。针对广大残障人士的阅读需求，残联设有专门的图书馆，区图书馆设有盲文阅览室，藏书 300 多册，有视听设备，开辟残疾人通道，提供上门送书服务，满足人性化阅读需求。针对外来务工人员和子女，各社会阅读组织每年开展暑期阅读、小候鸟培训、快乐一天行等各类读书活动，帮助融入当地文化，丰富暑期阅读生活。

（三）多级联动，打造书香城区全网阅读

一是体系联动，打造总分馆阅读书香之城。目前全区建成由 1 个区图书馆总馆、1 个区馆直属分馆、6 个镇街道图书分馆、70 个村社区分馆、10 家企业分馆、13 个 24 小时自助图书馆构成的公共图书馆服务体系，形成全域化阅读网络圈，总计藏书达到 60 多万册，2015 年新增藏书 62451 册，年增读者办证 6529 个，图书外借 615356 册次，读者流通 501040 人次，总分馆每年举办读书活动超过 150 多场次，还形成了各分馆特色服务体系，服务网络圈覆盖城乡、社区、企业、商圈等人群集中网点，形成服务体系不断延伸、服务资源格局不断扩大的长效机制。2011 年完成农家书屋与村图书分馆的整合共建；2013 年完成村社区图书分馆与公共电子阅览室的整合共建；2015 年创建省级公共文化服务示范区项目，完成村社区图书分馆省级标准化项目。2016 年镇海区图书馆新馆还被浙江省图书馆、浙江省文化厅推荐报送参评"中国最美基层图书馆"，为"书香之城"助推动力。

二是内外联动，打造社会化阅读书香之城。书香之城建设，需要社会力量和广大民众的热情参与。2015 年，镇海区启动图书馆、文化馆法人结构治理，引入服务外包制度，建立理事会管理制度，为"书香之城"注入社会活力。同时，发挥全民阅读志愿者服务力量，探索服务外包，创新服务点单配送等服务机制，目前仅图书馆阅读服务志愿者人数一年内就增加 500 多人，每年全区为各村、社区配送文化活动 300 多场次，其中阅读活动 100 多场次，带动了书香阅读的参与氛围，提升了阅读文化品位。2015 年，镇海区文化艺术中心投放使用，文化艺术中心集图书馆、文化馆、大剧院为一体，为全民阅读再造新地标。其中区图书

馆新馆面积近 7000 平方米，开放一年来为读者办证 8628 个，读者到馆 776027 人次，外借图书 384267 册次，全民阅读热情被点燃。

三是虚实联动，打造智慧化数字书香之城。镇海区书香之城建设积极响应"互联网＋行动"，将数字资源建设、数字化阅读平台引入市民阅读，在文化共享工程、公共电子阅览室等已有平台上，于 2015 年又在全区投放了 13 台 24 小时自助图书馆，覆盖商圈、社区、学校、菜场等人群聚集网点。据目前统计，图书借还 35246 册次，图书借还 15526 人次，办证 1067 个，为全民阅读助推智慧书香。2016 年，镇海区还在公共场所建成 25 台云屏借阅机，创建书香镇海数字阅读平台 1 个，开发手机移动阅读，将书香镇海纳入了"惠民实事工程"。目前，区图书馆已有"书香镇海"读者群 917 个、微信公众号 5200 多个、新浪官方微博粉丝 2468 个，推动书香镇海实现全域化、品牌化、智慧化发展，加快全区公共文化服务体系创新升级。

第三节　2017 年书香社区发现活动

一、活动简介

2017 年 4 月 19 日，2017 年"书香社区"发现活动专家会议在长沙市图书馆召开，会议修改并确定了"书香社区"发现活动的评价指标和活动方案。同年 6 月 14 日，中国图书馆学会正式下发了《关于举办 2017 年"书香社区"发现活动的通知》，此项活动由中国图书馆学会主办，中国图书馆学会阅读推广委员会、宁波市图书馆承办，中国图书馆学会阅读推广委员会社区与乡村专业委员会协办。活动通过层层推进的方式下达到全国各大社区，同样受到了全国各级政府的高度重视和关注，三个月共吸引了 18 个省、市、自治区 126 个社区申报，最终提交完整资料的社区共计 90 个，申报地区覆盖东北、华北、西北、华南、西南、华中、华东等地区。通过对材料的初步整理和筛选，其中有 29 个社区存在申报材料无附件、附件不全数据不符等情况，排除在评选名单之外，其余 61 个社区入围评审名单。

2017 年 9 月 23 日下午，"书香社区"专家评审会在广东省东莞市图书馆五楼会议室举行，评审专家有：吴晞、王余光、李东来、邱冠华、徐益波、毕洪秋、宋兆凯、刘洪、冯玲；中国图书馆学会的仲岩、傅嗣鹏参加了此次会议。评选依据必备条件、基本情况、创新亮点等指标体系，结合申报材料，同时兼顾地域特点，最终有 40 家社区成功入围 2017 年"书香社区"发现活动名单。在 40 家入围社区中，江苏、山东、浙江占主要比例，分别为 22.5%、20%、12.5%，东北三省占 12.5%，其他地区占少数。东部地区共 25 个，占 62.5%；中部地区共 8 个，占 20%；西部地区占 17.5%。

二、特色社区

（一）湖南省长沙市左岸社区——开福区首家有民营企业参与运作的图书馆

长沙图书馆左岸分馆是开福区首家有民营企业参与运作的公益性图书馆，在长沙市图书馆、开福区文体新局、开福区图书馆的大力支持下，由四方坪街道、左岸社区与新中新儿童发展中心合力共建。这所"家门口的图书馆"，由开福区政协委员、民营企业家魏玛丽女士个人出资创建，并在 2016 年"世界读书日"到来之日正式开馆。图书馆及其活动室的面积达 800 余平方米，馆内设有成人馆、少儿馆、图书报刊阅览区、电子阅览区四大区域。开馆不到两年，已接待读者 6000 多人次。

"故事妈妈"和"超能老爸"是左岸分馆打造的两支专业公益团队。"故事妈妈"团队是一群会讲故事、爱讲故事的阅读推广人，她们能歌善舞、能说会道，是孩子们心中的"故事女神"。"超能老爸"团队的成员们拥有专业底蕴、优良素质和丰富的经验，相互分享自己的收获、困惑与期待，注重研讨亲子相处的关键要素。左岸社区在推进亲子阅读、服务少儿家庭方面，为社区居民的文化生活与互动交流搭建了一个便利的平台。

20 多年前，四方坪一带还是一片菜地和渔场。由于长沙经济发展和城市骨架延伸，使得四方坪如今成为一个现代化的城区。菜农成为市民后，有很多阅读和学习的需求。左岸分馆乘着"书香长沙"建设的东风，为街坊邻居提供便利，这个"书香社区"建设的实践，为"书香长沙"建设提供了一个样本，值得借鉴和推广①。见图 7–11。

图 7–11　长沙图书馆左岸分馆开展"我是小小演说家"活动

（二）浙江省宁波市江梅社区——宁波市首个"海疆数字文化导航站"

宁波市江梅社区位于梅山街道中心地段，常住人口约 1000 余人，是目前梅山第一个，也是唯一的一个社区，社区与梅山学校、电信公司、邮政局、梅山幼儿园、梅中菜场、梅山街道图书馆、梅山成人教育学校等八家单位结成共建单位。社区与街道图书馆毗邻而建，为避免资源建设浪费，社区图书馆和街道图书馆共用。

"海疆万里数字文化长廊"是文化部 2012 年推出的，这一极具中国特色的文化惠边工程在国家海洋战略、21 世纪海上丝绸之路、军民融合等战略指导下对海疆地区的系统延伸与具体落实意义深远。自 2016 年 6 月起，宁波市图书馆、北仑区文广局和梅山街道三级联动，根据宁波实际，于 8 月 1 日在北仑梅山建立了宁波市首个"海疆数字文化导航站"。导航站设有电子显示屏、电视机、数字阅读机、电子阅报机等现代化电子阅读设备，设有专门的阅读书架和阅览座椅，为海疆边防站的官兵和当地居民提供国家方针政策、生产生活信息、纸质书刊借

---

① 周彪，左岸书香满社区［N］.长沙晚报，2017–3–22.

阅、电子图书下载等"一站式"文化导航服务。社区通过导航站为边防战士、当地群众提供特色化、有针对性的文化活动，如中国工农红军长征 80 周年胜利纪念活动、残疾人导航站体验活动、书画展览、摄影展览、读书会等形式多样的活动。实现了文化信息全方位、无死角的覆盖，打通公共数字文化服务"最后一公里"，促进公共文化服务均等化。

江梅社区与街道图书馆共同创立"小青梅亲子阅读社"，通过"引进来、走出去"的方法，提高"小青梅阅读社"的服务水平。引进来——社区与其他街道社区进行跨区合作，吸取经验，邀请优秀的"故事妈妈"们讲解阅读技巧，鼓励"故事妈妈"参加阅读推广人培训班、阅读推广讲座等，完善自我，提高本社区"故事妈妈"的服务水平。走出去——"小青梅亲子阅读社"不定期地带领孩子和家长们到其他社区、幼儿园、户外等开展亲子阅读活动，不仅扩大了视野，提升阅读社的知名度，而且让更多的小朋友和家长参与进来。"小青梅亲子阅读社"荣获"北仑区 2016 年社会风尚引领工程重点示范项目"。见图 7-12。

图 7-12　2016 年 8 月 1 日，北仑梅山建立了宁波市首个"海疆数字文化导航站"

（三）陕西省西安市仁厚社区——陕西省首家 24 小时社区智慧图书馆

西安图书馆仁厚社区分馆，是陕西省首家 24 小时社区智慧图书馆，于 2016 年"世界读书日"前一天建成开馆。从 2016 年 2 月开始，西安图书馆和西安群书教育科技有限公司、碑林区文化体育局、仁厚社区一起，创造性地探索出了一套"四位一体"的社区智慧图书馆运营模式：即由政府投入资金，公共图书馆提供文献信息资源，社区提供场所，企业提供技术支持平台、借阅系统、后台数据管路、场馆设计、施工建设、图书管理及更新、日常的维护及管理等，四方携手共同构建一个为读者提供纸质和电子资源信息的服务体系。

仁厚分馆开馆 305 天接待阅览人数 56880 人次，图书流通率 144.35%，读者借阅率 883.05%。其中图书借阅率、图书流通率都远远超过了传统图书馆，取得了非常喜人的效果。见图 7–13。

图 7–13　西安图书馆仁厚社区分馆外景

截至 2017 年 4 月 23 日，碑林区已建成六家社区智慧图书馆。2017 年 4 月 18 日，西安市文广新局在仁厚社区智慧图书馆召开了西安市社区图书馆工作现场会，将碑林区的模式向西安的 13 个区县推广。仁厚社区图书馆已被列为西安市公共文化服务体系示范项目。

社区智慧图书馆是借助于互联网、云计算、大数据等最新的科技手段，突破了传统图书馆在服务时间、地域、方式等方面的局限，实现 24 小时无人值守、自助借阅、通借通还、公共图书馆海量资源共享等功能，将公共图书馆搬到社区的一种新的智能型的图书馆运营模式。

三、直接影响

以江苏省张家港市东莱社区为例。东莱 24 小时图书馆驿站是张家港市首个乡镇 24 小时图书馆驿站，位于张家港经济技术开发区（杨舍镇）东莱办事处东莱文化中心底楼西侧，2014 年 3 月 8 日正式对外开放，面积达 160.8 平方米，藏书 10000 多册，分为阅读区、电子阅览区、沙龙互动区和好书推荐区，文化志愿者定期组织开展"书的再生"循环书计划、"最经典·微阅读""快乐小书房"亲子绘本阅读、"东莱图书管家""伴您夜读"等丰富多彩的阅读活动，全方位服务来馆读者。东莱社区依托 24 小时图书馆驿站，充分整合资源，突出"双向互动"，推行"多方参与"的项目化运作，开展一系列全民阅读活动，在社区居民中形成"人人爱学阅读、时时受教育、处处讲文明"的氛围，让居民群众享有高质量的社会公共文化服务。

（一）以科技为手段，实现服务"智能化"

东莱文化中心拥有全市规模最大的 24 小时图书馆驿站，使用无线射频系统（RFID）实现了无人值守、智能化管理。百姓持市民卡可随时进入"驿站"，与市图书馆通借通还，市民卡开通借阅功能后，自动借还书机就能帮助百姓实现自助借阅的功能。驿站提供免费 Wi-Fi，配备 10 台能访问张家港图书馆数据库的电脑，方便百姓查阅电子图书、电子期刊、学位论文等各种资源，全年借阅图书 10000 册，每年接待读者 6 万人次；真正意义上把图书馆搬到百姓"家门口"，极大满足了百姓日常的阅读需求。

2018 年，张家港市税务局为加大"立体式"税法宣传，依托党建区域共建，在张家港市东莱社区建设首家"24 小时税收便利店"，为纳税人提供"家门口"的税收服务。"24 小时税收便利店"位于 24 小时图书馆驿站内部，纳税人可以随时就近打印个人完税记录，方便快捷，"24 小时税收便利店"还配备了《新手学纳税》《税收 101 问》《纳税入门五日通》等税收专业书籍，使税收便利店更充分、更契合、更丰富地融入 24 小时图书馆驿站，大大提高了东莱 24 小时图书馆驿站的使用效能。

此外，在 24 小时图书馆驿站旁还设有一台科普信息多媒体一体机，为周边居民提供科普小常识。这里还设有科普书架、科普中国、生活百科、美食天地、健康养生、科普影视、江苏科普云等板块，提升了图书馆的科技化和智能化水平。

（二）以志愿为支撑，实现服务"常态化"

社区围绕"志愿用心 东莱有爱"的片区志愿口号，以"快乐志愿，随手公益"为宗旨，推出"三体系（制度体系、管理体系、运行体系）、一平台（信息化平台）"的志愿服务管理体制，坚持项目化运作，推出了每天晚上的"伴您夜读"和周末白天的"图书管家""全能特战队""快乐小书房"等一系列志愿服务项目。入围书香社区以后，东莱社区在原有"伴您夜读"志愿服务的基础上，新增了"一站到底"知识竞赛志愿服务活动，在加深青少年对于知识掌握的同时，引导他们到图书馆查阅书籍；"超能特战队"志愿服务活动提升了广大志愿者主动爱护和管理图书的意识。

同时，社区坚持"物质"和"精神"鼓励相结合的激励机制。推出"东莱爱心储蓄计划"，志愿者每服务 1 小时，积 1 分，用积分储蓄进行消费，兑换由爱心企业、爱心人士捐赠的爱心商品，还推出了"以服务换服务"的志愿微循环，实现爱心志愿的温暖循环。

（三）以活动为载体，实现服务"多元化"

围绕"每一个东莱人都是东莱宝贝"的理念，设置了"莱宝来吧"系列活动项目。通过定期开展"小莱宝"成长拓展营、"小莱宝"志愿服务团、"小莱宝"知识极速递、莱宝智多星、"小莱宝"拾元公益社团等系列活动，激发小莱宝们的学习兴趣；针对"老莱宝"开展"老莱宝"棋牌对弈、"老莱宝"心身康健等活动；针对"莱宝家"开展东莱女性心身美颜倡导服务、读书沙龙等活动。依托 24 小时驿站温馨的空间布局和沙龙互动区、电子阅览区、休闲阅读区、听书区、儿童阅读区等六大功能定位，开展"周末阅读书香东莱"阅读会、"快乐小书房""最经典·微阅读""东莱国学大讲堂"等系列活动。

2018年，东莱社区积极引入大学生参与各类活动，在充分调动社区青少年积极性的同时，为社区和图书馆的活动注入"新鲜血液"。2018年7月20日晚，东莱24小时图书馆驿站与南京信息职业技术学院计算机与软件学院的小伙伴们一起开展了"图书馆驿站奇妙夜"暑期社会实践活动，通过网络直播的方式，全方位展示了东莱24小时自助图书馆的风貌，并向网民详细介绍了图书馆的基本情况、各个区域的功能以及如何自助借阅图书。社区还与大学合作，在东莱文化中心开展"安全伴成长"安全教育及知识问答活动、"我是小小手工家"太空泥手工制作活动。积极发挥大学生的年龄优势，力求活动的创新，同时提高青少年的安全防范意识、自我保护意识和分工合作动手动脑的能力。见图7-14。

图7-14　2018年7月20日晚，东莱24小时图书馆驿站与南京信息职业技术学院计算机与软件
学院的小伙伴们一起开展了"图书馆驿站奇妙夜"暑期社会实践活动

未来，社区图书馆将成为民众生活中不可或缺的一部分，除了提供基本的借

阅服务外，还将提供各种延伸服务，利用现代信息技术提供满足社区居民需求的服务，培养和提高社区居民的信息意识和信息素养，建立社区信息库，充分发挥社区图书馆的公共空间功能 ①。

总结

书香城市（区县级）、书香社区发现活动是书香社会建设的重要形式。通过加大政府支持力度，完善全民阅读工作体制机制，鼓励、动员社会各方力量积极参与全民阅读工作。深入街道、社区和农村，营造有利于开展全民阅读的社会环境和舆论氛围。通过广泛开展各种内容丰富、形式多样的全民阅读活动，培育和巩固阅读活动品牌，保障特殊群体、困难群体、农村留守儿童、城市流动儿童等群体的基本阅读需求，完善特殊人群的阅读资源、设施与服务。通过学习借鉴全民阅读推广的成功经验，建立规划科学、服务高效、覆盖城乡的基础阅读设施体系。推动全民阅读进农村、进社区、进家庭、进学校、进机关、进企业、进军营，使阅读活动真正惠及基层，惠及群众。通过书香城市（区县级）、书香社区的评选活动，倡导阅读理念，弘扬阅读文化，让读书学习真正成为广大市民群众自觉追求的一种生活方式，自我发展的一种内在需求。

十年前，"全民阅读"这一全新的理念在中国悄然诞生。如今十年过去，它不仅已成为我们日常文化生活中的热词，而且已成为实现中华民族伟大复兴、实现中国梦的助推器，在中国大地方兴未艾。政府主导、社会参与、阅读推广让每个人都享有平等的阅读条件和机会，共享阅读的快乐。

---

① 汪其英 . 美国社区图书馆延伸服务及其启示［J］. 国家图书馆学刊，2016（6）：52–57.

国外社区与乡村阅读推广的经典案例

与我国的阅读推广事业相比，国外的全民阅读开始于20世纪70年代，起步早，发展较快，在制定相关法律法规、活动举办、阅读资源等方面都积累了可贵的经验。掌握国外社区与乡村阅读推广的实践现状对于推动我国社区与乡村阅读推广事业的发展具有重要的意义。

为了更全面地呈现国外社区与乡村阅读推广的实践进展，本讲选取了包括英国、美国、意大利等欧美国家，以及与我国地缘位置更为接近的日本与新加坡等亚洲国家作为代表性案例。本讲将从总体概况、特色项目、经验总结等角度对国外阅读推广活动的成功经验进行详细介绍与剖析。可以说，我国当前的社区与乡村阅读推广与国外仍有较大差距。我们必须正视这一点，抓住关键点，结合国内实际，取长补短。

第一节　日本

一、日本阅读推广发展概况

日本的阅读推广活动起步较早。在"二战"爆发之前，读书指导运动就形成了一定的规模。从1931年开始，中田邦造在石川县开始了以读书班级和青少年文库为主要内容的读书指导活动。1940年，中田邦造转任东大附属图书馆司书官，其主持的读书指导活动也因此走向了全日本。在此之后，读书指导活动被定位为思想善导的工具，用以进行所谓的国策教育和国民精神培养。"二战"之后，经过民主改造的日本社会重新起步，阅读推广活动也逐步推广开来。

近年来，日本已逐渐形成了以政府为主、民间为辅的自上而下的阅读推广体制。日本阅读推广体制主要有两个显著特征：一是呈现出国家指导下的法定性和规划性，这是日本阅读推广最为显著的特征；二是高度重视未成年人的阅读推广。

首先，日本从国家层面制定了关于推进阅读推广的法律和规划，呈现出国家指导下的法定性和规划性。

2001年12月，日本第153次国会制定并通过了《少年儿童读书活动推进法》（以下简称《推进法》），为少儿阅读推广提供了法律保障。该法律由十一条基本内容及附则构成，明确规定了该法的目的、基本理念、中央和地方政府及图书馆等社会各界的职责等内容[①]。其特点主要有：①明确了该法的服务对象——"少儿"的内涵，即年满18周岁以下的少年儿童，且明确规定了监护人具有给少儿创造读书机会、培养少儿阅读习惯的义务；②不仅规定了国家、地方政府、图书馆及相关业界在少儿阅读推广中各自的职责，而且还提及应积极构筑这些元素相互合作的机制，以期为少儿阅读提供良好的环境；③提出政府要为少儿阅读推广提供财政支持；④为了促进少儿阅读，规定每年4月23日为"少儿读书日"，国家与地方要举行相关活动，以宣传、推广少儿阅读。应该说《推进法》在日本少儿阅读推广史上是具有里程碑意义的一部法律。

2002年，日本内阁会议通过了《少儿阅读推广基本计划》，（以下简称《基本计划》），2008年、2013年内阁会议分别通过了该计划的第二次、第三次修订版。日本各都道府县及市町村也都制定了符合本地区实际情况的具体推广计划与政策。《基本计划》由基本方针和具体政策构成，不仅从宏观方面给少儿阅读推广提供了发展方向——为少儿创造读书的机会与环境、增强少儿对阅读图书意义的理解、积极构筑少儿阅读推广的多元体制；而且还从微观方面分别给在少儿阅读中充当重要角色的家庭、图书馆、学校、幼儿园及民间团体提出了具体的要求以及对它们的支持政策。

其次，日本阅读推广的另一显著特征是高度重视青少年的阅读推广。

从20世纪90年代后期开始，日本不断加大青少年阅读推广的力度：1999年，日本国会将2000年定为"儿童阅读年"；2001年，国会通过了《少年儿童读书活动推进法》，指定4月23日为日本"少儿阅读日"，明确了儿童阅读活动的推

---

① 霍晓伟.日本少儿阅读推广的多元化合作机制研究［J］.图书情报工作，2013，（S2）：176–179.

广理念及国家和地方公共团体的责任等，具有里程碑意义；2002 年，日本内阁通过《少儿阅读推广基本计划》（即《第一次基本计划》），各都道府县和市町村都开始立足于本地儿童阅读推广的现状，制定相应的儿童阅读推广计划；2008 年，日本确定了少儿阅读推广的"第二次基本计划"，并把 2010 年定为"国民阅读年"[①]。

二、案例 1——港区图书馆的阅读推广项目

（一）港区图书馆概况

东京都作为日本的政治、文化中心，设有都立中央图书馆，东京都下属的 23 个区分别有区立中央图书馆，每个区的中心图书馆，再下设若干个分图书馆，如此形成一个公共图书馆网。港区是日本东京都内 23 个特别区之一，港区内所辖的区域包括芝地区、麻布地区和赤坂地区。港区内设有港区中心图书馆，在港区所辖的地区还设有五个地区图书馆（三田图书馆、麻布图书馆、赤坂图书馆、高轮图书馆和港南图书馆）和一个图书馆分馆（高轮图书馆分馆）。这七个图书馆共同构成了服务范围涵盖整个港区的图书馆体系。在开展面向居民的阅读推广工作方面，港区的图书馆提出一系列有效措施[②]。

在硬件设施方面，如表 8–1 所示，港区图书馆通过全面的硬件设施等为读者营造出一个满足读者需求的阅读环境。

表 8–1　港区图书馆硬件设施情况

基本设施	阅读设施
无障碍电梯	扩大读书器
私人残疾人停车位	语音书籍
可供乘坐轮椅的人使用的卫生间	卡式磁带
语音指导设备	"daisy" 设备
盲文区块指南	
带婴儿椅的厕所	
换尿布台	
母乳喂养	
婴儿车存放区域	

资料来源：港区图书馆网站

[①] 何韵，何兰满 . 从传统阅读与数字阅读的二元关系论全民阅读推广策略——以日本为例 [J] . 图书馆，2015（7）：34–38，44.

[②] 港区图书馆 [EB/OL] . [2018–06–01] http：//www.lib.city.minato.tokyo.jp/j/minato–inst.html.

考虑到老年人以及有视听障碍人群的特殊需求，港区立图书馆利用大字本图书、扩大读书器以及语音书籍等设备，为阅读活动提供保障。图书馆安置了放大阅读器，即将原有图书调整放大显示倍数，投射在屏幕上，放大的倍数可以根据老年人的视力情况而定。此外，图书馆还将图书、期刊等印刷品制作成可供借阅的卡式磁带和在"daisy"设备上录制的图书，读者可以租用设备"daisy"长达三个月，以满足那些在阅读、识字方面存在障碍的读者的阅读需求[1]。

（二）社区阅读推广实践

1. 儿童阅读推广基本计划

港区基于国家层面颁布的《少儿阅读推广基本计划》[2]，规定了《2015–2020年度港区儿童阅读活动推广计划》（以下简称《推广计划》）。旨在教育从婴儿到学龄儿童和青少年，支持他们在阅读方面的发展，熟悉阅读，并帮助他们养成终身学习的习惯。《推广计划》是按照"规划""执行""修改""完善"这几个环节稳步推进，并且在 2017 年和 2020 年分别对效果进行检查、评估，进一步修正计划。在《推广计划》中，港区图书馆确立了五大基本目标，包括：（1）根据孩子的多样性，开展具体的活动。根据不同孩子的年龄、心理状态和身体状况，提出最佳的阅读活动方案;（2）营造一个让孩子与书接触的环境，将书籍放置在孩子们每天经过的地方，让孩子们对书籍逐渐熟悉，以营造一个倡导思考和阅读的环境。（3）丰富学校图书馆，为了使孩子们在小学、中学的读书活动更加充实，希望学校图书馆加强资源建设和技术支持，不仅培养孩子的阅读能力，而且还要培养其使用书籍进行调查和思考的能力。（4）促进与各种组织机构的合作。积极与相关的教育机构、民间组织、志愿者等进行合作，在幼儿园、小学、初中、儿童馆等少儿日常生活的地方推广儿童阅读活动。（5）港区图书馆支持体系建设。港区图书馆是儿童读书活动的中心，它将充分发挥馆藏资源和图书馆员的专业知识和能力，成为对各机关和团体的支持机构。

---

① 港区子ども読書活動推進計画［EB/OL］.［2018–06–01］.http://www.lib.city.minato.tokyo.jp/j/library–info24.pdf.

② 港区子ども読書活動推進計画［EB/OL］.［2018–06–01］.http://www.lib.city.minato.tokyo.jp/j/library–info24.pdf.

围绕这五大基本目标,港区图书馆开展了一系列少儿阅读推广活动,如表8–2所示。

表 8–2　港区图书馆少儿阅读推广活动

目标	具体活动
1. 根据孩子的多样性,开展具体的活动	1. 针对婴幼儿,图书馆提供绘本,并指导家长如何给孩子阅读故事 2. 针对身体或智力有缺陷的孩子,图书馆提供录音图书、盲文画册、布绘本、大活字本等资料,在每年12月3日~9日的残疾人周还会设置特别展览专区 3. 基于港区外国人较多的特点,图书馆与大使馆开展了各种各样的活动,通过举办讲座、展览等为孩子提供了解不同历史和国旗文化的机会和跨文化体验 4. 图书馆收集来自港口的人物传记和文化遗产,来促进孩子们了解当地文化及其特点
2. 营造一个让孩子与书接触的环境	1. 由于图书的损坏和老旧等问题,港区图书馆每年剔除约 3500 本(少儿图书)。图书馆将这些剔除的图书作为回收书,提供给需要书籍的与儿童相关的机构 2. 提供"团体(集体)借阅服务",也就是说,图书馆推出向幼儿园、托儿所、儿童馆等机构提供团体借阅服务,在这些机构中,孩子们也可以阅读图书馆书籍 3. 为了让所有机构了解图书馆为儿童提供阅读服务,图书馆还加强与这些机构的联系沟通,通过这些机构告知家长图书馆的这项服务 4. 图书馆推出让孩子们与服务人员一起阅读的项目如,"Kotobuki"、讲英文故事、木偶剧、阅读故事、讲述民间故事
3. 丰富学校图书馆	1. 港区图书馆定期举行联络会,提供港区图书馆与学校图书馆进行信息共享 2. 学区图书馆与学校图书馆合作,鼓励学习如何使用材料进行检查并促进参与学习研究竞赛的机会
4. 促进与各种组织机构的合作	1. 为推进儿童读书活动,为了深化与众多部门相关的各设施、教育机构的联系,优化了厅内体制 2. 成立研究小组,分享各设施和教育机构的活动,各设施和教育机构举措的方向和挑战,并加强与有关部门和机构的合作 3. 举办"儿童服务志愿者培训讲座",培养志愿者,以进一步加强与志愿者的合作,志愿者参与到图书馆讲故事和参观图书馆中去活动

资料来源:港区子ども読書活動推進計画

2. 对面朗读服务

图书馆为视障人士提供"对面朗读"服务,这是图书馆常设的一种服务。老人提前打电话预约,就可以选择指定日期,由专人在特定房间为老人进行朗读服务。朗读室内主要开展"一对一"的朗读服务,图书馆的志愿者可在朗读室内为来宾阅读图书、杂志、报纸,以及来宾带来的各种资料(文件、家书、列车时刻表等）。朗读服务并不仅仅意味着一人念书一人听，而是工作人员需要事先做好充分的准备：梳理文章、提纲挈领地掌握文章要点，对难解字词进行说明。朗读时，朗读者不仅要朗读文本，而且还要对文章做解释说明，"将有必要读出来的信息，以简单易懂的形式准确传达给对方"。在朗读的过程中，朗读者需要考虑老年人所能记忆的范围。优先将必须读出来的重点信息向老人进行逐条说明，在老人出声表示自己已经完全理解之后，再对每一个重点进行逐层展开。

三、案例 2——麻绩图书馆"讲传统故事"

日本长野县麻绩村的常住人口为 3000 人，在该村小学校园内，有一座麻绩图书馆①。它既是小学图书馆，同时也是一座公共图书馆，因此该图书馆将自己的角色设定为联结整个地区的"枢纽"。它不仅提供儿童方面的图书，而且也重视服务老年人，设有主要为老年人服务的退休金、老人护理、保险类的图书专区。

不仅如此，该图书馆还在利用老年人的经验更好地服务所在地区方面组织了一些有特色的活动。他们开设了讲传统故事的活动，将只在本村之内代代流传的老故事，以纸芝居（又译为"纸戏剧"，是一种主要面向儿童的演艺形式。通过展示连环图画，并配以台词和解说词来表演故事）的形式演绎给孩子们。

该馆与此相关的活动还有：定期举办代际游戏传授活动。村里的老年人齐聚一堂，将自己小时候玩过的儿童游戏传授给孩子们。此时的老年人和孩子们欢聚一堂，孩子享受欢乐时光，老年人的生活也变得更加充实。这样的活动，既发挥了老年人的作用，又促进了文化传承与代际沟通。

正因为这些丰富多彩的活动，这家图书馆的年访问人数（非人次），竟然达到了本村人口的四倍之多。从麻绩村的状况来看，图书馆成为人口过疏地区在复兴过程中的桥梁，这超越了年龄，超越了地域，更超越了常规的图书馆老人服务的范围。

图书馆老年服务，不仅仅需要为老年人扫除他们在利用图书馆方面的障碍，更重要的是，如何让老年人通过图书馆实现自我价值，为所在社区（地区）做出更大的贡献。

---

① 邓咏秋，刘弘毅 . 日本图书馆的老年阅读推广实践及其启示［J］. 图书馆研究与工作，2017（2）：52–55.

第二节　新加坡

一、新加坡阅读推广发展概况

（一）阅读推广的机构

新加坡的阅读推广工作主要由三大类型的机构承担。其一是新加坡的各级各类图书馆，与其他国家一样，图书馆同样是新加坡阅读推广的主阵地；其二是新加坡国家书籍发展理事会（National Book Development Council of Singapore，NBDCS）。该机构成立于 1969 年，主要负责全面推动讲故事、阅读、写作和出版等诸如此类工作的开展，为新加坡的阅读推广奠定了浓郁的文化氛围；其三是新加坡图书传播机构，该机构最著名的项目就是"图书漂流计划"，这种书香漂流的共享方式，让知识因传播而美丽。新加坡的阅读推广活动最典型的当属"读吧！新加坡"（Read! Singapore）。该活动始于 2005 年，每年的 5 月底至 8 月进行，开展有不同形式的阅读分享和讨论，每年举办 200 多种活动，几乎每天都有两三场活动，极大地提高了新加坡人的阅读兴趣。新加坡读书会每隔一个月的第三个星期五举行会议，推荐具有较强新加坡风味的阅读书目，将有共同文学兴趣的读者聚集在一起交流讨论，使阅读有了大家的相伴而变得更加有趣、美好[1]。

（二）华文阅读推广

新加坡是个十分重视国民阅读的国家。在新加坡，婴儿出生时的产妇叮嘱事项中，就包含着"如何读书给婴儿听"的内容指导。新加坡政府也提出了"天生读书种，读书天伦乐"（Born to Read，Read to Bond）的阅读口号。

作为一个多元种族、多元宗教、多元语言和多元文化的移民国家，截至 2014 年 6 月，新加坡人口达到 547 万人，其中华人约占 74%。因此，除了官方语言英语外，新加坡对于华文的阅读推广一直尤为重视，这也是新加坡国民阅读推广相较于其他国家的鲜明特色所在[2]。

---

[1] 张新杰 . 国外阅读推广的实践经验分析及启示［J］. 南阳理工学院学报，2017，9（1）：114–116.

[2] 董倩，宫丽颖 . 新加坡华文阅读推广探究［J］. 出版参考，2015（1）：22–24.

二、案例1——"华文阅读推广"

（一）"华文阅读推广计划"

针对新加坡小学生对华文阅读不感兴趣的现象，2007年新加坡教育部和60所学校合作开展了"试验性华文阅读计划"活动。在该计划的系列活动中，学校推荐一系列的华文学生读物，华文教师在课堂上进行导读，通过提问以及对书籍的介绍，引发学生的思考和延伸阅读的兴趣。再针对这些读物进行丰富多彩的趣味阅读活动，如制作一页书、四页书、手工品、表演书中情节等，继而为学生进行评估。同时教师还会鼓励学生在课余时间到图书馆借阅图书，并根据学生借阅的图书数量颁发"阅读学士""阅读硕士"和"阅读博士"等奖状。这项计划的宗旨在于提高学生的华文阅读兴趣，间接提升华文写作水平，最终让阅读成为学生的终身喜好，通过阅读独立获取知识。根据反馈，许多学生经过参与精心设计的华文阅读活动后对阅读产生了兴趣，很多学生还主动到图书馆借阅读物。新加坡教育部将这60所学校的教案和经验编纂成《阅读欢乐列车：校本阅读指南》，并在2007年11月发行，分发给每所小学，以便教师通过该指南的指引更加系统地实施阅读计划。

经过"试验性华文阅读计划"三年多的经验积累，2010年9月，新加坡华社自助理事会与新加坡推广华文学习委员会合作推出了"华文阅读推广计划"，旨在通过教导家长与孩子共同阅读，培养新加坡青少年良好的华文阅读习惯，提高华文科目成绩。通过阅读来传播价值观、人生道理和优良的传统文化。

"华文阅读推广计划"的活动形式多样，其中讲故事活动由阅读大使进行导读，所使用的读物均经过新加坡推广华文学习委员会细心筛选，保证了阅读材料的难易适中，这些读物图文并茂，可激发学生的想象力和创意。除了室内的导读活动，导读活动也会在户外进行，让孩子们充分享受阅读的乐趣。

（二）"读报教育试验计划"

"读报教育试验计划"是学生报《逗号》和新加坡教育部课程规划与发展司中学华文课程组合作展开的中学阅读推广活动，旨在通过系统化的报章教学，提升学生的阅读能力，并养成阅读华文报纸的习惯。2008年年底"读报教育试验计划"开始筹备，成立了由 22 名华文教师组成的读报教育编委，依据新加坡教育部拟定的课程框架，为中一至中三的学生编写读报教育教案。2009 年 3 月，"读报教育试验计划"正式在新加坡思源中学、德明中学、维多利亚中学、兰景中学和长老会中学等六所中学启动试点教学。新加坡华文教研中心同时协助推动计划，给予华文教师相关的教学培训。根据该计划，六所中学的教师利用《联合早报》和学生报《逗号》为教案，在华文课程中进行读报教育活动。

"读报教育试验计划"是在参考了中国台湾和美国报纸阅读推广活动的基础上，制定了适用于新加坡本地环境的教学方案。中国台湾的读报教育偏向培养语文素养，美国的读报教育则侧重媒体素养，而新加坡的读报教育试验计划则力图在两者之间求取平衡，把目标定为"培养聪明的读报人"。在计划中，学生们通过在课堂上玩报纸上的"寻宝游戏"、猜标题、找版面，甚至通过新闻"攻占世界"等方式阅读华文报纸。在翻报纸、玩游戏的过程中，进一步认识报章，对华文报不再有"陌生感"，也提高了学生们有效阅读报纸能力。同时，"读报教育试验计划"使得教师教学更加系统，通过各类课堂活动，学生更容易接受华文报，增强了对于报道内容的理解。

（三）校园读书会

新加坡教育部推广华语理事会和新加坡读书会发展协会等机构积极推进校园读书会活动，旨在栽培热爱阅读的幼苗，希望通过读书会开阔学生华文阅读空间，培养华文阅读的兴趣和习惯，进行"活化"阅读，为日后拥有竞争力做准备。华文教师总会和新智读书会在 2004 — 2008 年为上千名中小学教师开办了阅读培训课程，间接协助学校设立华文读书会。现在校园读书会已成为受认可的辅助课程活动。为了取得更显著的成果，推广华语理事会自 2008 年起开展为期三年的邻里中学阅读计划，资助新加坡全岛东、西、南、北区的包括南洋小学、菩提学校、南洋女中、新民中学、南华中学、茂桥中学和先驱初级学院等在内的 20 所学校奠定设立班级制读书会的基础。同时，参与的学校还会共同制作阅读手册，分发给其他学校作以参考。导读是其开展校园读书会的主要方法。在举行导读会之前，教师会进行导读，即把故事的结构、情节概要和精髓讲给学生听，从而吸引学生拿起书本阅读。了解基本故事概要后，学生就可以采取猜读的方式进行阅读，不会因为阅读困难感到烦躁而放弃阅读。根据《联合早报》的报道，参加导读课的学生在发言或写读后感方面都有明显进步，校园读书会在华文阅读推广方面取得了一定成效。

（四）"社区华文阅读计划"

除了学校的华文阅读推广，与人们生活息息相关的社区的阅读推广效果也尤为卓著。为了在社区推广华文阅读，2010 年 9 月，新加坡华社自助理事会与推广华文学习委员会合作，推出了"社区华文阅读计划"。该计划的主要项目包括设立阅读心乐园图书馆、每月一次在阅读心乐园主办讲故事活动，以及与其他合作伙伴主办特别活动等。通过社区华文阅读推广活动，帮助学童建立阅读华文的自信心，并引导他们的品格健康发展。

三、案例2——儿童和青少年阅读推广

（一）莫莉（MOLLY）图书馆

20 世纪 90 年代，随着新加坡越来越多的分馆建成后，流动图书馆服务中止。2008 年 4 月，新加坡国家图书馆管理局遵循这样的理念，即不能忽视任何人追求知识的欲望，通过各种渠道将阅读的乐趣传递给每一个人，又重新发起了莫莉（MOLLY）移动图书馆服务。致力于将触角伸到图书馆服务水平较低地区的用户，使这些潜在用户最终成为公共图书馆的活跃用户。主要为包括儿童和青少年之家、幼儿园、特殊教育学校、孤儿院、福利院、志愿福利团体等服务。莫莉图书馆一般会根据目标用户的需求而配置 3000 册图书，还配备了图书馆设备、阅读空间和图书馆员，后来又升级配备了多媒体设备和有声电子书等。莫莉图书馆创新活动包括故事讲述、图书馆研讨会和用户教育活动等。

专门为儿童服务的小型流动图书馆"小茉莉"（Mini Mollys），穿梭于各组屋区，以各组屋区的学前教育中心为主要服务对象，把书香带给更多幼儿园和托儿所的儿童，深受儿童的喜爱。相比之下，以小型巴士改装成的"小茉莉"，更容易穿梭于组屋区较狭窄的公路和停车场。根据 NLB 的 2011/2012 年度报告，"小茉莉"的新装备，包括配置了 8 台 iPad,以实现对电子资源的快速存取。"小茉莉"可装 1500 本图书，每次能容纳 12 名孩童。它设备齐全，有自动借书站和供还书

的置书服务(bookdrop)。每年能为 160 家幼儿园和托儿所的 48000 名孩童提供"送上门"的借书及还书服务。车上的图书管理员还可配合个别学前教育中心的教学需求来提供服务，如通过讲故事、绘画或音乐活动，激发孩童的阅读兴趣。

（二）开发游戏与网络学习社区（ Gaming Learning Community ）

在数字信息时代，网络、游戏、电视等对青少年儿童的吸引力远胜于传统的读书活动，如何吸引孩子和年轻人到图书馆来，引导其正确阅读，已成为图书馆工作者义不容辞的责任和义务，但这需要独特的创意和构想。新加坡图书馆因此开发了游戏和网络学习社区，研发了一系列的游戏来吸引青少年来到图书馆。从而培养对图书馆资源进行利用的习惯。

（1）面对 7~12 岁男孩的图书借阅量不断下降的趋势, 2009 年推出 "Quest"（一种为 7~12 岁男孩设计并推出的纸牌游戏 ）服务。以此有针对性地吸引、促进和提升男孩的图书借阅，并取得了非常巨大的成功。"Quest"服务获美国图书馆协会颁发的"最有创意奖"。

（2）新加坡图书馆人根据男孩特点，在 2011 年 11 月针对 10~15 岁男孩推出了具有互动性的图书馆阅读服务项目——征服（Conquest）服务。该互动性较强的阅读项目将新加坡的历史故事与男孩喜欢玩的棋类游戏相结合。

（3）针对网络应用普及的现状，新加坡图书馆与时俱进，2010 年将数字资源纳入阅读推广活动，开发了"电玩而阅读"的活动以书刊讨论和游戏竞赛为特色，激发和引导游戏者在玩游戏的同时阅读与游戏内容相关的书籍。通过玩乐投入书本阅读中，培养他们对阅读和终身学习的热忱。

第三节　美国

一、美国阅读推广总体概况

美国是一个高度重视阅读的国家，展开了丰富的阅读推广活动。政府、图书馆、学术团体、教育机构、文化机构、医院等多种类型的机构都在积极推进阅读。

美国政府对于阅读的推广主要表现在相关政策、法案、规定和项目等方面，其中，提升儿童阅读能力是美国联邦政府和各州政府尤为重视的社会问题，每届总统上任后都大力倡导阅读，美国政府责成教育部及相关机构担当这一责任。20世纪末以来，由政府发布的推进儿童阅读的法案和计划包括：早期阅读优先计划（Early Reading First，1983）、美国阅读挑战计划（American Reads Challenge，1997）、《卓越阅读法案》（Reading Excellence Act，1998）、《阅读优先方案》（Reading First，2001）、暑期阅读运动（Summer Reading Campaign，2001）等。

除了政府直接以法案、项目、运动等方式来推动全民阅读以外，美国的图书馆一直是阅读活动的重要推动者。美国国会图书馆（Library of Congress）在推进全民阅读过程中发挥了极为重要的主导作用。1977年，美国国会图书馆为了利用国会图书馆的资源与威望刺激公众的阅读兴趣，成立了阅读中心（The Center for the Book in the Library of Congress）以专门负责推动全民阅读。阅读中心的服务对象是所有年龄层的读者及潜在读者，活动范围涵盖图书馆、学校、社区、家庭等。阅读中心采用主办与协办的方式，作为活动组织的策划者与组织者，通过制定阅读活动主题与内容，向全民推广阅读[1]。1987年，阅读中心发起美国第一个全国性质的阅读推广活动——"全国读者年"（Year of the Reader），随后，几乎每年都推出一个阅读推广主题活动，将一些反响良好的主题活动持续推广，深入社区与家庭，建立长期影响力，使其具有品牌性[2]。从1984年开始，美国国会图书馆阅读中心在全美50个州开始陆续建立加盟中心。国会图书馆制定加盟活动规划指南，各州图书馆参考使用。国会图书馆阅读中心还设立布尔斯廷奖，以表彰、鼓励各州阅读中心在阅读推广工作中的成绩与创新，促进各州阅读中心总结经验，相互交流与合作。1987年，国会图书馆开展"国家阅读推广伙伴计划"，先后与世界80多个国家建立阅读推广伙伴关系，以此奠定了美国国会图书馆在国际阅读推广活动中的重要地位，扩大了美国国会图书馆在国内外的影响，树立了阅读中心良好的品牌形象。

在美国图书馆协会编写的《社区阅读指南》中，华盛顿的玛丽·麦格罗里

---

① 郎杰斌，吴蜀红. 美国国会图书馆阅读推广活动考察分析［J］. 图书与情报，2011（5）：40–45.
② 刘玮玮. 图书馆推进全民阅读的服务模式研究［D］. 东北师范大学，2012.

（Mary McGrory）指出，社区阅读活动是由共同的图书开始的，在非常和睦的情况下结束的阅读活动；西雅图公共图书馆华盛顿中心图书部执行馆长南希·珀尔（Nancy Pearl）女士认为，社区居民很少与家庭以外的陌生人聊天，社会几乎没有给不同文化传统、不同经济水平或不同年龄的人坐下聊天的机会，而社区的阅读计划就可以提供这样的机会，它让社区的不同背景的人们坐下聊天、讨论以促进人与人之间的了解；奥斯汀市市长格斯·加西亚（Gus Garcia）指出，他希望社区居民能互相联系，希望有一种方式作为社区居民交谈的基础，阅读计划就是这种交谈机会的开端。①

二、案例 1——"一本书，一个社区"（One Book，One Community）活动

（一）项目的发起

1998 年，西雅图公共图书馆华盛顿中心图书部执行馆长南希·珀尔女士发起"所有西雅图人同读一本书"（All Seattle Read the Same Book）活动。该活动的目的是通过阅读同一本书来提高公民的阅读率，促进社区的关系，引起社区居民的共鸣，增进社区公民的归属感。

这次活动最终选择的书是《意外的春天》（The Sweet Hereafter）。这本书讲述的是一场校车事故使得萨姆登特小镇上的父母失去了他们的孩子，正在悲伤的时刻，一位城市的律师来到了小镇，开始说服父母们联合起来打一场官司，控告那看不见的罪魁祸首。在访查的过程中，平静小镇中不为人知的一面逐渐显露出来，而这些真相将会使小镇分崩离析。人们要如何从这场伤痛之中重新站起来，重新掌握未来的的春天呢？

由南希·珀尔发起的"一城一书"这个想法立即得到了支持，莱拉·华莱士读者文摘基金会（Lila Wallace Reader's Digest Fund）和当地几个赞助商提供了经费支持②。1998 年 10 月，南希·珀尔还邀请这部小说的作者罗素·班克斯（Russell

---

① 刘盈盈.阅读一书，共享思想——美国"一城一书"活动及其启示［J］.图书馆杂志，2017，26（6）：57-60.

② 冯佳.社区阅读推广要素研究——以"一本书，一个社区"活动为例［J］.图书馆杂志，2017（4）：42-48.

Banks）到西雅图呆了三天，参加了三场公众讨论活动。通过提倡社区居民共同阅读，让社区居民有共同讨论的话题，居民们聚在同一个地点讨论图书的内容，分享每个人的思想，使社区中人际关系更加融洽。

（二）项目规范化

美国图书馆协会（American Library Asscciation，ALA）的公共计划部门将西雅图的"一城一书"活动进行推广，在推广过程中，将活动名称改成了"一本书，一个社区"（One Book, One Community），即把社区作为该项活动的最小区域。正式以"一本书，一个社区"命名的、规范化、常态化活动真正开始于 2003 年。阿利根尼县（Allegheny County）于同年组织举办了"一本书，一个社区"的活动，并以《杀死一只知更鸟》（To Kill a Mockingbird）作为此次活动推荐的图书，活动举办得十分成功。

2003 年，美国图书馆协会下的公共项目办公室（Public Programs Office）开始向图书馆员、图书馆管理者、图书馆合作机构提供许多资源，包括："一本书，一个社区"项目的 CD 版规划指南和 ALA 设计的迷你海报（付费）、《社区广泛阅读规划》（Planning Your Community–Wide Read）指南、被国会图书馆图书中心收录的全国范围内的项目列表等。通过美国图书馆协会的推广，全国的图书馆员能够使用美国图书馆协会所汇集的关于社区广泛阅读的意见和建议开展活动。

随后的每年，该项活动都会指定一本推荐读物，组织社区间的阅读与讨论。通常，"一本书，一个社区"的活动由社区图书馆负责组织，图书馆将社区居民召集起来，就同一部文学作品进行阅读和讨论。讨论通常是以小组讨论的方式进行，有时作者也会参与其中，与读者一起进行讨论。每年，该项活动都会为推荐读物编制专门的讨论资料，包括所推荐图书的故事背景、书评以及其他相关推荐书目和相关网站信息等。

（三）项目指南

该指南为项目负责人以便起能够完整地组织活动。该指南提供了多种社区模式和开展活动所需的资源。指南中对于活动的组织进行了全面而系统的介绍，包括：什么是社区阅读推广、设定目标、制定时间表、寻求合作方、制定预算、挑选书籍、确认作者、相关活动组织、宣传推广、评估等 18 个部分，我们主要对其中六个重要环节进行着重阐述。

1. 设定目标

项目目标具体包括总体目标、读者目标、资源目标和社区目标四个方面。

总体目标需考虑：（1）可以从项目中获得什么？（2）图书馆如何从中受益？（3）是否能够持续运行这个项目？

读者目标需考虑：（1）项目的服务对象是什么？（年龄、人口、图书馆用户）（2）读者的数量有多少？（3）读者的兴趣是什么？（4）读者的需求是什么？（5）该项目如何使读者受益？

资源目标需考虑：（1）资源主题是否与图书馆或社区问题相关？（2）是否与所强调的馆藏领域相关？

社区目标需考虑：（1）活动的主题是否与社区相关？（2）与其他哪些社区组织的目标相似？

2. 制定日程表

通常情况下，项目从计划到实施需要一年左右的时间做准备，在指南中提供了一个制定时间表。

9月：制定计划和目标；列出可能的合作者、委员会、赞助者；联系当地的政府、人文艺术基金会；列出备选的书籍；制定预算。

10月：发出寻求合作、赞助的邀请函。

11月：书籍挑选，邀请作者，通知出版社订购书籍的数量。

12月：确定作者，与网站策划小组见面，与项目合作者会面。

第二年1月：阅读计划研究。

2–3月：开展阅读指导计划，联系演讲者。

4–5月：设计印刷材料，确定相关项目演讲者，对外宣布计划。

6–7月：与作者、出版社确定细节。

8月：分发宣传材料，培训相关人员。

9月：与作者、出版社的最终确认，宣传材料分发，组织相关人员会面。

10月：开始社区阅读计划，评估，形成报告。

3. 书籍选择

图书是社区阅读计划的核心。选书的第一步即是依据社区读者的特点，并结合该活动项目自身的目标和定位来选择图书，如加强社区沟通交流、提升文学素养、培养社区向心力与凝聚力、融洽邻里关系等。当然，选书的方式也有很多种，比如建立咨询团队，向公众搜集意见，或者使用其他类似项目中的优秀读物等。例如，美国亚利桑那州的"一城一书"活动是由民众推荐书籍，通过登记推荐的图书的内容、作者介绍和评论来推荐第二年"一城一书"活动的书籍。书籍最终的选择由组织者和相关赞助商来决定[①]。

图书馆相关人员在挑选书籍时考虑的因素包括：目标群体的文化程度、年龄范围、语言习惯；图书的内容、类型、知名度；其他因素例如印刷数量、翻译语种、纸质版本、价格等。在一些多元文化交融的特殊社区，为使多语种人群广泛参与其中，这些社区往往会选取同时包含有不同语言版本的图书，如英语和西班牙语两个版本的《奥蒂莫，保佑我》（Bless Me，Ultima）等。

4. 阅读活动

阅读讨论作为社区阅读推广活动最终展示的一个环节，需要项目组织者在讨论之前就作者简介、图书撰写的历史背景、讨论的问题和活动主题、书中的重要观点、书评和报道、赞助声明和致谢、相关资源推荐等内容进行搜集，并通过馆藏资源来对此进行规划。在读者拥有了一定的阅读积累的基础上，组织读者通过一本书的阅读、讨论，激发读者参与历史讨论、写作方式或相关主题的讨论，最终使阅读能够潜移默化在生活中，从而实现活动举办的初衷。

阅读活动可以包括书籍的讨论会、学术研讨会、作者访谈、作者其他作品的展览、作者见面会、由该书所改编的电影放映、相关学校阅读计划等，组织者应丰富活动的内容，并且通过不同的活动扩大阅读的影响。

5. 读者宣传

社区阅读推广项目的最终目的是为了吸引读者广泛参与，为此，图书馆需要制定并推行有效的宣传计划。一般情况下，在选定社区阅读的目标人群后，社区

---

① 刘盈盈. 阅读一书，共享思想——美国"一城一书"活动及其启示［J］. 图书馆杂志，2007，26（6）：57–60.

可通过下列方式进行宣传：一是公共关系 / 宣传，即在当地报纸、杂志、电视台、电台、门户网站、网站广告、公益广告上进行公共宣传；二是直接营销，即直接通过邮寄、大规模电子邮件或网络营销等方式传递相关材料；三是个人联系，就是通过口头宣传、公共演讲、电话、电子邮件、个人往来书信、VIP 邀请等方式宣传活动；四是广告，即打印纸质广告、广播电视投放广告、发放传单、制作书签和徽章、举办展览等。

6. 评估

"一本书，一个社区"项目得到了越来越多的市政当局和各种基金项目的支持，且该项目作为一个持续推进的活动，需要一定的测评系统进行评估、完善。各地在进行测评时也应根据当地实际，采取不同形式的测评方式，如主观分享为主、客观活动细节调研等，用以检测项目实效，持续改进。

（四）该项目的成果

在具体运作环节上，由于近年来"一本书，一个社区"的理念得到了许多组织的支持，据美国国会图书馆的图书中心网站的统计，参与"一本书，一个社区"项目的数量在急速增加，从 2002 年 6 月的 30 个州 63 个项目，到 2005 年 12 月的 50 个州超过 350 个项目，短短三年多的时间数量翻了近六倍。

三、案例 2——密尔沃基市社区图书馆阅读推广

（一）密尔沃基市社区图书馆概况

在美国，社区图书馆由于获取财政支持的渠道不同，可分为两种类型：（1）类似于我国公共图书馆体系中总分馆的分馆，其资源、设备、经费等均依赖上级公共图书馆；（2）社区领导的社区图书馆，其经费来源于社区的财政，资源建设、服务内容都以满足社区需求为第一要务。

密尔沃基市是威斯康辛州的最大城市，该市 14 所由社区领导的社区图书馆包括：布朗迪尔图书馆、卡德希家族图书馆、富兰克林图书馆、格林代尔公共图书馆、格林菲尔德公共图书馆、黑尔斯康纳斯图书馆、北岸图书馆、橡树溪公共图书馆、舍弥特德公共图书馆、南密尔沃基公共图书馆、圣弗朗西斯公共图书馆、沃华多沙公共图书馆、西艾利斯图书馆、白鱼湾公共图书馆。

（二）密尔沃基市社区图书馆阅读推广活动

针对各类群体，密尔沃基社区图书馆推出了不同类型的阅读推广活动[①]。

密尔沃基社区图书馆将婴儿读者定义为 0~3 岁的小朋友。针对 0~1 岁的初生儿，活动主题主要为故事、儿歌、童谣，意在让他们感受阅读氛围及环境。针对 1~3 岁的婴儿，根据其生长发育特点，增加了手工、舞蹈、表演、音乐律动、感官游戏等，形式更丰富，如故事会，包括：晚间故事会、绘本故事会、手工故事会、玩具故事会、家庭故事会、故事朗诵会和外语故事会。大部分社区图书馆婴幼儿活动的最小接受年龄为 6 个月或 9 个月。各社区图书馆开展的面向婴幼儿的讲故事、读童谣与儿歌等活动都需要预先在图书馆网站上进行注册与预约，每场活动的婴幼儿人数不超过 15 人，再加上 1 位陪同家长，每场活动的参与人数最多达 30 人。为了防止出现由于人数限制导致部分读者无法参与的情况，有的社区图书馆会在一周内重复举办多场婴幼儿活动。例如，富兰克林图书馆（Franklin Library）每周会举办两次"2 岁宝宝故事会"（Tales for 2），格林菲尔德公共图书馆（Greenfield Public Library）面向 6 个月到 3 岁宝宝的围坐故事会（Lap Sit Story Time）会在每周一、三由儿童馆员彼得（Peter）先生主持举办。威斯康辛州在全州范围内开展"入园前的 1000 本图书"活动，希望婴幼儿在入读幼儿园之前和父母一起可以完成 1000 本图书的阅读任务。密尔沃基市的各社区图书馆积极推动该活动，不仅帮助家长选择合适的读物，而且还提供阅读技巧指导。图书馆也会提供一定的物质激励，当某位小朋友完成 100 本、500 本等一定数量的阅读任务时，图书馆会奖励书签、文具等；最终读完 1000 本图书的小朋友，还可以登上社区图书馆的"阅读光荣榜"。这有助于小朋友养成持续阅读的习惯，在阅读中提高他们的识字、读写能力，为后续学习奠定基础。

在不同年龄段，学龄前儿童（3~6 岁）阅读能力有显著差异，其阅读能力、阅读情绪和阅读体验与社会化程度密不可分。3~4 岁的儿童刚进入幼儿园，面临与同伴交往的社会化挑战，从而促使他们适应早期阅读环境，该年龄段是学龄前儿童快速获得阅读能力的阶段。而 5~6 岁的儿童由于已掌握一定的社会化技能，因此在观察画面、理解故事含意时受到已有社会经验的影响。学龄前儿童处于阅

---

① 宋琳琳 . 美国密尔沃基市社区图书馆读者活动探究［J］. 图书馆论坛，2017（10）：136–144.

读能力快速发展的阶段，但是识字有限，阅读理解能力有待提高，所以听故事依然是他们阅读的主要方式，通过馆员与听众间的互动、亲子阅读等方式可以获得更好的阅读效果。

面向学龄前儿童的阅读推广活动主要有学前班故事会、晚间故事与手工、睡衣故事会、绘本阅读、自己讲故事、故事与手工、感官故事会、家庭故事会、外语故事会多种形式。这些活动以讲故事为主要方式，但注重多种互动，如馆员与读者的互动、家庭故事会中父母与孩子的交流。同时，提倡讲故事与其他活动的结合，如营造睡前氛围，选择晚上时间，穿着睡衣听故事；将讲故事与做手工、感官游戏等结合起来，增加了活动的趣味性。在不同的年龄段，学龄前儿童注意力有显著差异，这决定了读书会的时长及其形式。2~3 岁的儿童注意力刚开始发展，读书会的时间若过短，不利于对其注意力的培养，若过长，则会造成儿童的注意力分散，导致活动效果不佳。一般而言，为 2~3 岁的孩子讲故事，时间控制在 5–10 分钟；为 3 岁以上的孩子讲故事，控制在 10–15 分钟；为 4~5 岁的孩子讲故事，宜在 20 分钟以内。

7~12 岁的学龄儿童已经具备读写能力，可以自己阅读，但是阅读目的并不明确，需要图书馆员与家长等辅导。他们的注意力不稳定、不持久，且常与兴趣密切相关。因此，为了吸引更多孩子参加，需要提供丰富多彩的活动内容与形式。他们的思维从以具体形象为主逐步向以抽象逻辑为主过渡，创造力开始发展，所以相较于学龄前儿童，增加了各类创意活动和科学项目。密尔沃基社区图书馆针对该年龄段读者开展的活动主要参照 ALSC 的《学龄儿童读者活动指南》（*Programs for School–aged Kids*），涵盖除技术类外的所有活动类型，包括：作者到访、星球大战阅读、内裤超人派对、哈利·波特派对、故事游戏会、儿童书友会、晚间故事与手工、小学生故事、特殊故事会、消防主题故事、暑期阅读项目、图书人物选举等。作者访问、主题阅读、故事会、书友会、读书比赛是此类活动的经典内容，而哈利·波特、超人等主题非常受欢迎。密尔沃基社区图书馆还为学龄儿童设置了多种类型的观影活动，例如，在固定时段设置的夜电影和家庭观影日，提供饮料与点心；配合社区学校的课程安排，在休息日或无课时间设置休息日观影日和无课观影日，为家长分担了看管负担，是孩子消磨时间的好地方。

针对青少年，密尔沃基社区图书馆开展的阅读推广活动主要有主题阅读、历史讲座、图书交流分享。相对于孩童时期，青少年阅读能力明显提升，所以社区图书馆倾向于开展时间较长的系列阅读或阅读比赛，如阅读周、冬季阅读。

社区图书馆围绕居民的各类兴趣组织丰富的活动，如电影赏鉴、烹饪、编织、手工、合唱、园艺、绘画、摄影等，为志趣相投的居民提供交流平台；作为社区居民开展社交活动的重要场所，社区图书馆设置了很多无门槛的读者活动，吸引了更大范围的社区居民参加，如志愿者交流、蔬果采摘品尝、手工作品展销、名人见面会、旧书售卖、游戏。在阅读推广类活动中，读者俱乐部是主要方式，所有受访图书馆均开展此项活动，活动形式丰富，与电影赏鉴、写作、故事会、历史文化讲座等形式相结合。

第四节　加拿大

一、加拿大阅读推广发展概况

在加拿大，图书馆，学校、医院以及一些非营利机构都在积极进行阅读推广。其中，非营利机构包括加拿大儿童图书中心和"国家阅读运动"。

加拿大儿童图书中心（Canadian Children's Book Centre，CCBC）是一个非营利机构，主要致力于鼓励、促进和支持加拿大青少年的阅读、写作、理解的能力和相关刊物的出版。该机构帮助教师、图书馆员、售书员、家长选择和出版最适合年轻读者的书籍，并不断提高这些书籍的质量和种类。

"国家阅读运动"（national Reading Campaign）于 2012 年正式以非营利组织的形式成立。该组织的目的在于提升阅读影响力，推动各级政府制定政策，把加拿大变成读者之国。"国家阅读运动"在 2012 年春就形成了一份重要的纲领性指导文件《国家阅读计划》（The National Reading Plan）。该计划通过各种渠道宣扬确保每个人不管年龄、收入水平、教育程度、位置如何，都有权获取使用各种形式、各种平台上的读物。

二、案例——"Read to Me!"阅读推广项目

"Read to Me！"是加拿大新斯科舍省（Nova Scotia）推出的一个非营利性、全省性的早期阅读推广项目。该项目为每一个新斯科舍省的新生儿家庭免费提供书籍和阅读材料，这些新生儿家庭在医院病房就能够收到这些书籍和材料。这些材料提供给家长们如何使用书籍和资源来支持宝宝早期读写能力的发展，并且鼓励家长们每天给孩子阅读，和孩子说话和给孩子唱歌。研究表明，经常给孩子阅读，孩子能够养成后期阅读所需的词汇和阅读技能。通过为每个孩子在其刚出生的时候提供书籍，该项目为新一代的新斯科舍省人培养良好的识字能力和终身的阅读热情。

该项目于 2002 年正式启动，为新斯科舍省九个医院的 9000 多个家庭提供免费的图书和阅读资料①。为确保该计划的持续性，保证每个新生婴儿都能获得阅读礼包，"Read to Me!"接受个人、企业、基金会以及联邦政府和当地政府的资助。目前，"Read to Me!"是一个注册慈善基金会，该基金公司董事会是基金的受托人。

在书袋的内容方面，每个在新斯科舍省出生的婴儿家长都会收到一个免费的"Read to Me"书袋，内含婴儿书籍和阅读资源。书袋可提供英文版、阿拉伯语版、中文版以及法语版的阅读资料，另外，还有为听觉和视觉有障碍的孩子提供的特殊材料。书袋中除了婴儿图书之外，还有指导宝宝的阅读指南，以及宝宝的第一张阅读证。

"Read to Me!"项目的开展是基于社区的模式。新斯科舍省图书馆与"Read to Me!"合作，在每个阅读礼包中提供"宝宝的第一张阅读证"，将其阅读礼包分发给遍布全省的公共图书馆，当地的图书馆员再将这些礼包送到本地参与该计划的医院。有 11 个康复中心的新生儿护理员在推行这一项目；许多医院的志愿者协调员组织志愿团队提供服务；一个由四名志愿者组成的团队，每月大约送出 700 套 "Read to Me!" 阅读礼包；全省约有 100 多名志愿者为新生婴儿家庭传递阅读礼包。斯巴鲁作为汽车赞助商所将为该计划，提供的汽车亲切地称为"Read mobile"，带着这些阅读礼包走遍了新斯科舍省的所有医院②。

---

① Read to me［EB/OL］.［2018–06–06］https：//www.readtome.ca/about–read–to–me.
② 张浩如 . 国外公共图书馆少儿阅读推广的实践及启示［J］. 图书馆学刊，2017（7）：72–77.

2010 年，"Read to Me!"联合达尔豪西大学信息管理学院，对加拿大全国范围内的早期识字计划进行了调查，收集了这些项目的运营、面临的挑战、项目目标，包括面向 5 岁以下儿童家庭提供的阅读礼包和阅读活动情况。从调查中可以看出，加拿大的少儿阅读推广项目面向的人群呈现多样化，包括阿拉伯语、汉语、西班牙语和伊努伊特语（Inuttut）和新移民，在 59 个被调查项目中，有 31% 的项目选择图书馆作为项目与服务人群联系和提供服务的主要机构，16% 选择医院和康复机构，有 36% 的项目选择其他方式为目标人群提供服务。另外，在 54 个提供阅读礼包和阅读活动的项目中，提供阅读礼包的项目占 46%，其中有 52% 面向新生婴儿，16% 面向 1~5 岁儿童，8% 则同时为 0~5 岁的婴幼儿提供服务。此外，提供阅读活动的项目约占 59%，这些项目中，约有 69% 为 18 个月以下的婴儿提供服务，72% 为 18 个月至 3 岁幼儿提供服务。在资金来源方面，有 55 个项目接受了调查，其中有 45% 获得省级的补助资金，有 31% 获市政拨款，有 44% 主要靠捐款维持；另有 33% 选择其他资金来源，实际上大部分的资金来源于政府和图书馆的联合支持。

第五节　英国

一、英国阅读推广总体概况

英国大规模的全民阅读推广运动发端于 20 世纪 80 年代末期，兴起于 20 世纪 90 年代，2000 年后走向兴盛。

在英国，发起大型全民阅读运动的机构通常是：政府部门（如国家教育与技能部）、公益机构（如国民文化信托基金会，National Literacy Trust）、图书信托基金会（Booktrust）、英国阅读协会（The Reading Agency）等。

阅读协会是一个独立的慈善机构，2002 年成立于英格兰，是英国读者发展的领导者，以鼓励更多的人阅读更多的图书为使命，具体工作包括：通过图书馆推广阅读；与地方政府合作，通过广播、出版社、学校、监狱和青少年服务机构等广泛接触读者；运作高品质的国家计划，开发五种关键的工具来吸引读者（阅读挑战、读书会、接触作者、宣传推广和志愿者）。阅读社领导的国家级项目主要有：2008 国家阅读年、夏季阅读挑战、图书絮语（Chatter Books）、头脑空间（Head Space）、六本书挑战计划和快阅读。

英国是世界上第一个推出"国家阅读年"（National Year of Reading）概念的国家。1998 年 9 月，英国提出"Build a Nation of Readers"的口号，启动国家阅读年。2008 年，英国启动第二个"国家阅读年"。"阅读年"活动的服务对象通常是全体民众，包括成年人、青少年、新移民、需要阅读帮助的人以及之前阅读推广活动较少涉及的人群等。"阅读年"活动以举国读书为宗旨，如英国第一个阅读年的宗旨是"举国皆是读书人，快乐读书、有目的阅读"，第二个阅读年国家阅读年通常由政府部门推动，如英国第一个国家阅读年主办单位是国家文学基金会，第二个国家阅读年主办单位是国家文学基金会和公益性组织阅读协会。在主办单位的号召与策划下，联合图书馆、学校、社区、各类型媒体、出版社和作家共同推进全民阅读。活动资金来源主要为政府投资，两次"国家阅读年"活动，英国政府分别投资 400 万英镑和 3700 万英镑推广阅读。同时，"阅读年"活动还充分吸引到各项基金的支持，1998 年"阅读年"，英国筹集到了 1.15 亿英镑实施"送书到学校"计划，极大地丰富了学校图书馆藏书。作为国家级活动，"阅读年"活动通过报纸杂志、电视广播、网络等媒体广泛宣传。

2008 年，英国"阅读年"网站共登记了接近 6000 个阅读活动。"阅读年"活动从 1 月持续到 11 月，各团体和当地政府要在 4 月之前完成活动的策划工作。活动主办方通过鼓励家长与家庭阅读促进孩子们阅读，同时提高成人的文学素养。活动期间，通过国家级的会员活动，图书馆增加了 200 万的新读者，25 万册图画书和 3 万"快阅读"读物通过报纸发放，约 23000 名男孩参加了夏季阅读挑战活动。通过阅读，促进了不同人群内部与外部的对话，凝聚了社区的力量。图书馆在活动期间通过改善服务，组织参与多种活动吸引读者，走进各个阶层，包括无家可归者、不同种族、精神疾病者等，以促使这些曾经远离图书馆的人群走进图书馆，享受阅读。图书馆为很多"阅读年"活动提供场所，举办多样的联谊活动，如促进读者与作家互动、举办朗诵会等，特别是基层图书馆深入社区后便就成为社区的文化交流中心。

英国"国家阅读年"结束后，开展了相关的评估工作，以政府和图书馆的记录为基础，通过多渠道的信息收集，包括不同阶层的合作者及使用者的数据与感受，总结"阅读年"活动的经验教训。结果显示，推进全民阅读可以有效地促进不同地区、群体的融合，地区图书馆在社区发展作用明显。

"阅读起跑线"（Bookstart）计划是世界上第一个专门为学龄前儿童提供阅读指导服务的全球性计划，创办于 1992 年，以"让每一个英国儿童都能够在早期阅读中受益并享受阅读的乐趣"为基本原则，培养他们对阅读的终身爱好。目前已有接近 20 个国家或地区参与该计划。

"阅读起跑线"运动有几个值得关注的特点：它是世界上第一个面向婴幼儿的阅读计划；它是世界上第一个国家性的以儿童为对象的赠书阅读计划；它是世界上第一个由国家计划发展成全球计划的阅读运动。

"夏季阅读挑战"（Summer Reading Challenge）在英国已有 10 余年的历史，是英国阅读协会（The Reading Agency）针对儿童举办的一项长期阅读推广活动，97% 的英国公共图书馆和英国广播公司（British Broadcasting Corporation，BBC）等多家主流媒体都参与其中。该项活动每年都有不同的主题，地区图书馆在暑假期间通过设计具体活动、奖励措施等吸引 4~11 岁的儿童参与其中，至今已有 78 万 4~11 岁的儿童参与。该活动是英国几乎所有公共图书馆整个暑期的工作重点。每一年，这项活动都会有一个主题，通过活动、事件和奖励机制来为儿童阅读造势，鼓励儿童能够在夏天至少读完 6 本书。

每一年暑期，英国阅读协会就会开展夏季阅读挑战活动。该活动主要针对 4~11 岁的孩子，旨在鼓励孩子们在享受悠长假期的同时不要忘记多读书、读好书。那要读多少本？读什么书呢？其实 6 本书就够了，孩子们可以根据自己的年龄和喜好随意挑选，例如有声读物、儿童绘本、侦探小说和动漫杂志。全英各个小学以不同方式积极参与其中。首先，在暑期来临之前，联系社区图书馆并且邀请管理员亲临学校宣传讲解"夏季阅读挑战"活动，分发相关说明资料。其次，鼓励孩子们使用学校网站相互交流心得，进度了解，提高阅读的乐趣；同时通知家长关于"夏季阅读挑战"活动的情况，获得家长的配合与支持。有些社区图书馆甚至将活动对象推广到学龄前儿童。此外，英国读书协会与国家图书服务中心（RNIB National Library Service）一起协作设计相关尺寸阅读材料提供给特殊群体（阅读障碍和盲童），做到每一个孩童都有参与并享受此次活动的权利。

"寝前阅读周"（Bedtime Reading Week）是英国促进扫盲信托基金会（Forward Literacy Trust）于 2001 年发起的一场长期阅读运动。从这一年开始，每年的 2 月 26 日—3 月 4 日，在全国范围内倡导寝前亲子阅读，以促进全国民众体验亲子阅读的快乐。

"寝前阅读周"虽然是促进扫盲信托基金会发起的，但后来有多家官方、半官方机构以及企业加入，如英国艺术委员会（The Arts Council of England）、图书信托基金会（Book Trust）、英国广播公司（BBC）以及著名的连锁超市 Tesco 等。在多种力量的推动下，这一运动能够为民众提供的活动内容与资源越来越丰富。

二、案例——伯明翰公共图书馆

伯明翰市公共图书馆由总馆和分馆构成。其中，总馆为伯明翰图书馆，新馆于 2013 年 9 月建成开放，总建筑面积 3.1 万平方米，是欧洲最大的公共图书馆。分馆由分布在伯明翰市区和各个村镇的社区图书馆构成，目前有 40 个图书馆，还有移动图书馆（大巴车）和图书馆家庭服务（送服务上门）①。

埃尔丁顿的"爱书人"是面向所有热爱阅读的人举办的活动，每月在图书馆相聚一次，本着"加入、阅读、交流、交友"的宗旨，共同阅读、讨论、交流读书感想，还可以与老朋友叙旧或结交志趣相投的新朋友。此类活动最频繁、覆盖面最广、参与人数最多，以书为媒，以图书馆为场所，定期聚会，自愿参加，常常有茶、咖啡和点心相伴，气氛自由、愉快。参加图书馆读书会成为伯明翰社区居民生活的一部分。英国人普遍爱读书，这与遍及英国各地的社区图书馆及其丰富多彩的阅读活动不无关系。

写作类的读者活动与阅读推广相类似，都是在图书馆传统借阅服务的基础上拓展而来的，针对本社区热爱阅读、喜欢写作、志趣相投的读者，每月 1–2 次固定时间的相聚，形式也多种多样，有时交流创作经验和写作心得，有时举办专家

① 刘欣. 英国伯明翰市社区图书馆读者活动探究［J］. 图书馆论坛，2016（12）：115–120，98.

讲座，有时与当地作家见面畅聊，这些活动都非常受文学爱好者和写作爱好者的欢迎。这类活动读者群体一般比较稳定，读者之间联系也比较密切。

为老年人服务。老龄化是世界性问题，英国社区图书馆重视老年人服务。在那里无障碍设计、自动门、防滑地板等设施完善，馆员态度真诚、热情，社区图书馆成为老年人最常去的公共服务场所之一。

汉兹沃思图书馆在每周二 10：30-12：30 举办"咖啡时间"，主要面向超过50 岁以上的老年人，让他们定期和老朋友见面，消除孤独感。大多数社区图书馆为年老体弱、行动不便而不能到馆的老年人提供上门服务。部分社区图书馆为退休后身体健康、精力充沛的老年人提供一些力所能及的参与社区图书馆工作的机会，比如参与撰写地方史和家谱工作。为阅读困难人士服务。阅读障碍症又称读写困难症。伯明翰市图书馆收藏有大量适合阅读障碍症人士的书籍和资料，从任何一个社区图书馆提交申请都能够获取所需要的资料。伯明翰市所有公共图书馆与阅读障碍症协会结成合作伙伴关系，依据《伯明翰图书馆阅读障碍症服务标准》提供服务。如，绿厅图书馆每周一 13：30-15：30 举办"成人诵读困难支持服务"活动，进行"一对一"的阅读和写作技巧帮扶，包括运用电子化设备进行写作。

为精神病人及其护理人员服务。社区图书馆不仅对有精神病史的居民提供支持，而且对护理精神病人的人员给予关注。如，雅确斯纪连区图书馆在每月第一个周二的 12：30-15：30 举办"护理人员协会"聚会，斯普林希尔在每月第 1 个周一举办"心理健康咨询服务"。由于社会对有精神病史的居民缺乏关注，公共图书馆成为此类人群为数不多的活动场所之一。

第六节　德国

一、德国阅读推广总体概况

德国人民热爱读书的历史由来已久，民众阅读率与家庭藏书量一直位于世界前列。虽然目前德国促进全民阅读的核心机构是德国促进阅读基金会与德国图书贸易交易所协会，但在政策法律、地方政府财政、基金会赞助的支持下，德国图书馆在促进德国民众阅读活动中依然发挥着重要的作用。

德国基层图书馆事业发达，几乎每个乡村或城镇都有自己的图书馆[①]。这些基层公共图书馆和中小学图书馆均以少年儿童作为重点服务对象，联合学校教育、社区教育、家庭教育，将深入推广儿童阅读作为自身的一个主要任务。德国没有专门的少儿图书馆，在《读者须知》《阅读促进标准评估体系》的框架下，公共图书馆的藏书必须至少有一半为少儿读物。基层图书馆以培养儿童语言文字能力和情操为宗旨，孩子从零岁开始就可进入图书馆，从小培养儿童的"图书馆意识"，使其成为图书馆明天稳定的读者。图书馆通过为未成年人提供阅读书籍和阅读场所，培养图书馆工作人员的阅读指导能力以更好地为读者服务。与此同时，德国于 2003 年引进了英国"阅读起跑线"项目，已惠及 100 万 1 岁~3 岁儿童及全部 200 万的 6 岁学龄儿童。该项目已成为目前德国规模最大的儿童早期阅读促进项目。图书馆积极参与其中，通过联合志愿者举办儿童朗诵会等形式为儿童服务，并针对移民子女提供波兰语、土耳其语和俄语版本的阅读指南。

德国图书馆充分尊重读者的意愿，根据青年的阅读兴趣与需求，将提供试听资料作为阅读服务的重要组成部分。同时对老人、女性、残障人士、外来移民、医院、监狱等人群与机构提供专门的阅读服务。

德国图书馆的志愿者参与广泛，并且十分注重志愿者服务能力与素养的培养。图书馆在为少年儿童提供阅读服务的过程中，如举办阅读朗诵会等活动，志愿者一直担任主力角色。

二、案例——"书籍搭建桥梁"

为了促进青少年和老年人之间的了解，德国阅读基金会于 2009 年发起了"书籍搭建桥梁"项目，项目首先在比勒菲尔德市（Bielefeld）试行。

德国阅读基金会组织了由 14~16 岁（8~10 年级）的接受朗读培训的青少年到老年人家中为其进行朗读，通常 10 人为一组坐成半圆形。具体读物由德国阅

---

① 刘玮玮. 图书馆推进全民阅读的服务模式研究［D］. 东北师范大学，2012.

读基金会选择和提供，包括短故事、歌曲、神话传说、非小说类作品、诗歌等内容的图书，活动一次一般不超过 10 个人，青少年给老年人朗读最多 10 分钟，然后老年人和青少年一起对书中的话题进行讨论，之后商定下次要朗读的图书，一般每月进行两次。此项目的试行非常成功，德国阅读基金会建议当地的老年中心和学校可以一起开展此项目，在德国医疗保健部以及北莱茵—威斯特法伦州老年中心的支持下，该项目已经扩展到 11 个地区[①]。

第七节　澳大利亚

一、澳大利亚阅读推广发展概况

澳大利亚政府和社会机构针对不同年龄段的国民的阅读推广做出了一系列努力，并推出了诸如"阅读，澳大利亚"（Reading Australia）、"Reading A–Z"等各种形式的阅读推广活动，其中有些活动是以社区为单位进行的。

每年的 8 月底是澳大利亚的"童书周"。"童书周"活动由澳大利亚儿童书籍委员会（Children's Book Council of Australia，CBCA）主办，每年颁发 CBCA 大奖，鼓励杰出的儿童图书作者。该奖项是与美国凯迪克奖、纽伯瑞奖等齐名的世界知名童书奖项之一，围绕这个大奖，童书周展开各种与阅读相关的活动，积极引导人们，尤其是引导儿童与青少年参与阅读与创作[②]。

二、案例 1——儿童故事中体悟人生（Experiencing Life Through Children Stories）

（一）项目概况

澳大利亚的鲁里斯图书档案馆（Lu Rees Archives）是为促进澳大利亚儿童文化发展而建立的一个图书馆，藏有两万余册图书、插画、手稿等儿童读物。

---

① 谭博，邱庆东 . 国外代际阅读推广案例及其启示［J］. 图书与情报，2017（3）：109–113，133.
② 吴荔言，宫丽颖 . 澳大利亚社区阅读推广活动［J］. 出版参考，2014（34）：16–17.

2011 年 8 月，Lu Rees 图书档案馆与堪培拉的康加拉水域退休设施和骑兵退休社区两个老年人社区合作开展阅读推广项目——"儿童故事中体悟人生"（Experiencing Life Through Children Stories），旨在通过阅读澳大利亚儿童文学，帮助老年人充实生活，增强他们与其他人的互动以及社会参与感，提升其幸福感。

（二）项目运行

鲁里斯图书档案馆馆长贝尔·阿尔德曼是该项目的整体负责人，雪莉·坎贝尔是该项目的具体管理者。然而，阅读活动具体主持人并非由鲁里斯内部工作人员担任。主持人需满足以下条件：（1）熟悉澳大利亚儿童书籍的相关知识；（2）对澳大利亚儿童书籍充满兴趣和热情；（3）乐于与他人分享相关知识和兴趣。

该项目中共有五名主持人。一位主持人专注于"阅读与反思"会议，而其他发言人强调了儿童文学的不同方面。主持人均有不同的背景，这使他们非常适合参与这个项目。这些主持人中有来自堪培拉公共图书馆的图书馆员、经验丰富的学校图书馆员、澳大利亚 ACT 学院儿童图书委员会成员、儿童图书的作者、堪培拉大学的学者，有来自澳大利亚天主教大学的在儿童文学、残疾人教育和护理背景方面有一定研究经验的工作人员。

在该项目启动时，鲁里斯档案馆的工作人员采购了新的儿童图画书和小说，并在节目开始时向每个社区送去了 35 份。档案馆还提供了有关图书作者和插图画家的背景材料以及各种资源，例如支持该计划的新南威尔士学校杂志和儿童读物。

每次读书和分享活动根据本期主题选择相应的图书，并使参与者通过阅读、朗读、观看录像和电影等方式了解图书内容，并交流读书心得和感悟。在一年的时间里，共举行了 18 次读书活动，根据主题又可以分为 9 个主题活动，具体如表 8-3 所示。

表 8-3 儿童故事中体悟人生项目开展情况 ①

序号	研讨会主题	主要资源
1	绘本 分享童年时喜欢的绘本，介绍最新的绘本	曼姆·福克斯的书： 1. 考拉小璐 2. 绿色的绵羊在哪里 3. 10 个小手指和 10 个小脚趾
2	阅读及反思：最喜欢的儿童小说 引发对于最喜欢的儿童小说的回忆	1. 伊尼德 – 布莱顿（Enid Blyton）的小说 2.《小熊维尼》（Winnie the Pooh） 3.《爱丽丝梦游仙境》（Alice in Wonderland）
3	最喜欢的澳大利亚儿童文学作品 儿童文学是否对我们的成长产生了重要影响	1.《小妇人》（Little Women） 2. 伊尼德 – 布莱顿（Enid Blyton）的小说 3.《绿山墙的安妮》（Anne of Green Gables）
4	阅读及反思：童谣，歌曲，打油诗和诗歌 在学校流行的诗歌，以及具体解读方式	1. 以大书籍格式的儿歌和歌曲 2. 当代的玛吉姐妹的修女之书 3. 幽默的诗句
5	阅读和回忆：学校杂志 想想新南威尔士州学校杂志的教育目标，以及如何反映了该时期的社会文化背景	新南威尔士学校杂志，1916 年刊，1937 年刊，1951 年刊，1963 年刊
6	科林·狄力的书 I 讨论这本书中的角色出自哪个国家，并分享自己儿童时期与家人或朋友丛林露营的经历	《风暴男孩》（Storm Boy）及其相关的 DVD
7	阅读和回忆：伊尼德·布莱顿的书 思考这些书为什么很受欢迎，这些书如何反映社会文化背景，以及儿童书籍的普及与大众媒体中的负面批评之间存在的差异	伊尼德·布莱顿的书： 《隔壁的男孩》（The Boy Next Door） 《冒险四》（The Adventurous Four） 《五伙伴宝岛历险记》（The Famous Five on a Treasure Island） 《诺迪走进玩具国》（Noddy Goes to Toyland） 《隆隆声和乡下人》（Rumble and Chuff）

① Shirley Campbell and Belle Alderman. EXPERIENCING LIFE THROUGH CHILDREN'S STORIES A PROJECT FOR SENIORS［EB/OL］.［2018–06–01］. https：//www.canberra.edu.au/national–centre–for–australian–childrens–literature/attachments/pdf/SeniorsProject.pdf.

序号	研讨会主题	主要资源
8	兼具娱乐性和魔幻性的绘本 回顾二战前后的绘本，比较两个不同时期中绘本在内容，制作和主题方面存在的差异	鲍勃·格雷厄姆的书： Queenie the Bantan；Buffy；Fairy Child Jethro Byrde；Let's Get Pup! Grandad's Magic；Dimity Dumpty； April Underhill，Tooth Fairy； How to Heal a Broken Wing；
9	科林·狄力的书Ⅱ 讨论这本书中的角色出自哪个国家，并分享自己儿童时期在海边的经历	《蓝鳍》（Blue Fins）及其相关的 DVD

数据来源：相关文献。

（三）效果与经验分析

活动取得了参与者的广泛认可。参与者给出的典型评价是："激励了处于孤独和挣扎状态中的居民""唤起了人们美妙的回忆""带来很多欢乐，学到很多东西"等。鲁·里斯图书档案已经设计了针对活动的专门工具包，其中包括宣传资料、建议阅读书目，以及能够充分调动参与者的活动空间、设备和茶点等物质备用品。该项目成功地提高了社区老年人的社交联系和社会参与度。

根据对这个项目的经验，我们认为以下几个方面对其有所贡献：（1）在项目组织中，需要一个负责人或项目经理来对整个项目进行调控和监管，与社区的协调员保持联系，根据需求及时修改项目内容，并与主讲人保持定期联系。（2）项目主讲人需要思维灵活，有吸引力，并且能够理解老年人。（3）会议设计必须积极调动参与者热情。（4）喜欢分享触觉体验，也喜欢随着视频提示大声朗读。（5）项目环境应该是一个较大的空间，能使主持人在不同小组之间走动，配备 DVD设备可以显示电影剪辑，咖啡和茶有利于促进互动和交流。（6）会议日期和时间需要考虑社区参与者的需求，并且能够确保连续性。

三、案例 2——"来读书吧"（Let's Read）社区儿童阅读推广活动

"来读书吧"（Let's Read）活动以社区为单位，通过鼓励和指导家庭阅读进

行的学龄前儿童阅读推广。

截至 2013 年，"来读书吧"活动已经在澳大利亚的七个州共计 100 个社区开展，活动覆盖了 20 万澳大利亚儿童和他们的家庭。这一活动鼓励父母享受与年幼的孩子阅读的乐趣，通过阅读来培养孩子认识字母和听音辨词的能力，而这些技能都将为孩子日后在学校中学习读写打下基础。

在开展活动之前，由每个社区的活动发起者成立社区督导委员会并举行会议，以明确委员会的职责、统计社区不同年龄段学龄前儿童的人数和家庭情况等基本情况，而后向组织者提出申请，申请通过后即可获得组织者提供的资料包，资料包中有推荐阅读的书籍和阅读指南。其中书籍部分是由一个独立委员会精选的，该独立委员会由教师、澳大利亚各儿童文学委员会的工作人员等组成。除了获取资料包外，委员会还负责训练社区的专业阅读推广指导人员，训练资料也由活动组织者通过邮件发送给社区负责人，最后，社区负责人即可依照网站的指导并在专业阅读推广指导人员的协助下开展儿童阅读推广活动。

社区儿童阅读推广活动的种类丰富多样，申请者可以向组织者申请使用"来读书吧"活动的官方标志、书籍、视频资料等多种资源，并在活动过程中使用。如 2012 年澳大利亚西部的康利社区举办的家庭娱乐日活动包括迷你农场、音乐表演和讲故事活动，整个家庭娱乐日活动的高潮则是"来读书吧"活动。在学习了阅读技巧后，15 个家庭听一位参与者诵读了他最喜欢的儿童故事《斑点》（SPOT）。2013 年 10 月，"来读书吧"活动组织者带领 35 名 4~7 岁的小学生来到当地图书馆，与澳大利亚讲故事活动的组织者之一"杰西·风的流浪者"（Jesse the Wind Wanderer）会面，参与澳大利亚西部进行的"穿着上尉的靴子环游宇宙"（Read Around the Universe with Captain Boots）读书周活动。在那里，孩子们依靠想象力进行了一场独特的星际旅行，并在互动中挑选自己喜爱的星际旅行航线参与讲故事活动。

四、案例 3——"阅读城镇"（Paint the Town Read）活动

和"来读书吧"活动同样，"阅读城镇"活动也是针对从出生到学龄前儿童的阅读推广活动，该活动鼓励整个社区从儿童出生开始进行朗读、谈话、歌

唱和儿歌活动，使他们具备读写能力。"阅读城镇"活动 1996 年开始于澳大利亚新南威尔士区的天鹅小镇，截至 2013 年，该活动已推广至澳大利亚维多利亚区、昆士兰区等多个区域。活动的参与者获得了"2014 年悉尼的优秀志愿者"称号。

"阅读城镇"活动主要包含两种形式。第一种是在每年的读书日举办活动，邀请社区当地的店员、名人、高中生和志愿者等为学龄前儿童读书，地点就在社区商店内。第二种是贯穿全年的活动，请当地居民思考如何将学龄前儿童阅读与生活、工作的方方面面巧妙结合。如在当地的商场出售阅读帐篷，在当地酒吧的杯垫上写上"你今天陪你的孩子读书了吗？"等。此外，各个社区也会结合当地的实际情况开展其他丰富多彩的活动，积极配合其他阅读活动的开展。如为配合 2014 年的澳大利亚儿童周活动，天鹅镇于 2014 年 10 月 24 日举办了相关主题活动，在海报中邀请 5 岁以下孩子们参加一次超强的阅读体验活动，同样以游戏的方式吸引孩子们参加，活动形式包括讲故事、参与手工制作、唱歌活动和免费烤香肠活动等。

"阅读城镇"活动的组织者每年举办年度研讨会，对学龄前儿童教育和图书、家庭教育以及社区志愿服务感兴趣的人们都可以通过网站申请参加。2015 年最新研讨会的主题确立为"造势——儿童文学和集体影响力（Making Waves——Early Literacy and Collective Impact）"。

总结

通过本讲对多个国家社区与乡村阅读推广代表性案例的介绍，可以发现，国外的社区与乡村阅读推广事业有以下三点值得我国借鉴：首先，国外尤其重视开展针对儿童的阅读推广活动，面向婴幼儿和学龄前儿童的阅读推广活动极具特色。其次，国外的阅读推广实践充满创意，大胆创新，活动内容和活动形式非常丰富。最后，国外的阅读推广实践更加关注读者需求，是"以读者为中心"开展相关实践。

第九讲
乡镇（街道）图书馆标准建设

　　在乡村与社区阅读推广的实施过程中，加强和推进基础文化设施建设，特别是基层公共图书馆的标准化建设，是乡村与社区阅读推广长期、健康、有序推进的重要基础和基本保障。本讲将主要围绕基层图书馆标准化建设的内容，以《宁波市乡镇（街道）图书馆建设与服务规范》为范例，阐述基层图书馆标准化建设的背景、内容及其意义，以期为社区和乡村阅读推广的可持续发展提供借鉴。

第一节 《乡镇（街道）图书馆建设与服务规范》的背景与意义

一、《乡镇（街道）图书馆建设与服务规范》的背景

　　随着我国经济发展和社会进步，民众对享受更多、更好、更公平的文化服务的需求和呼声也越来越强烈。我国政府长期以来十分重视公共文化服务体系建设中的均等化问题。《国家"十二五"时期文化改革发展规划纲要》中提出，要"按照公益性、基本型、均等性、便利性的要求，完善覆盖城乡、结构合理、功能健全、实用高效的公共文化服务体系"。2015 年，在国务院《关于加快构建现代公共文化服务体系的意见》中明确指出："构建现代公共文化服务体系，是保障和改善民生的重要举措，是全面深化文化体制改革、促进文化事业繁荣发展的必然要求。" 在我国"十三五"规划中进一步明确，要"加快构建普惠性、保基本、均

等化、可持续的现代公共文化服务体系。"并且在公共文化服务重点工程"全民阅读"的建设中还特别强调了"鼓励兴建各类公共阅读场所，完善全民阅读基础设施"。由此可见，建设基层图书馆、构建现代公共文化服务体系是推动公共服务均等化、保障和改善民生、促进社区和乡村阅读推广的重要举措。

公共服务均等化是指政府在不同阶段根据不同标准为全社会群体或其中某类社会群体提供"基本的""最终大致均等"的公共服务，这也是公共财政的基本目标之一。公共服务均等化有助于实现公平和效率的统一。当前，我国基本公共服务的非均等化问题比较突出，并由此使得地区间、城乡之间、不同群体之间在教育、文化、医疗、社会保障等基本公共服务方面的差距逐步拉大，这已成为社会公平、公正的焦点问题之一。因此，实现公共服务均等化具有非同寻常的重大意义。

公共文化服务均等化是公共服务均等化的重要内容之一。公共文化服务均等化，是指每个公民都应该拥有平等的机会从政府那里获取公共文化服务，而不受经济、社会地位、身体状况、种族、宗教等的限制。换言之，是指政府应普遍、平等地向全体公民提供最基本的公共文化服务。在实现公共文化服务均等化中，公共图书馆服务体系的建设是其中的重要一环。公共图书馆是政府举办的、非营利的、收集和传递文献信息资源、传播先进文化、推动全民阅读、以保障大众基本公共文化服务均等化的重要公共机构。一个国家和地区的公共图书馆服务体系的合理有效构建，可以保障居住在其中的所有人，无论其年龄、性别、经济地位、居住场所、身体状况、宗教信仰等区别，都能就近获得其所需要的知识、信息、文化资源及其他公共图书馆服务。

要实现为全体社会公众提供普遍均等、无差异的公共文化服务，推进全民阅读，搭建起一个覆盖全社会的、布局合理的公共图书馆服务体系是重中之重。但在目前开展的公共图书馆服务体系实践中，普遍存在着两个问题。一是基层图书馆发展比较缓慢，市、县两级公共图书馆由于有相对充足的经费保证、人员支持，政府部门也比较重视，发展态势良好。与此同时，基层图书馆，特别是乡镇图书馆、村级图书室等由于受到所在地域经济发展水平的影响，文献、服务、技术、人才等各项资源建设相对滞后。许多基层图书馆与一些大型图书馆相比起来，在软硬件设施、资金投入、人员调配、公共文化服务的水平和质量等很多方面都有很大差距，从而影响了公共图书馆服务体系的整体推进，这种差距成为基层城乡居民享受优质公共文化服务的最大阻碍。二是图书馆发展不平衡，公共文化服务的质量和水平呈现出不均衡性。在一些经济发展比较好的地区，基层公共图书馆的建设和服务就比较好。在一些经济发展较差的区域，基层公共图书馆的发展得不到保障。部分乡镇图书馆及村图书室都存在着设施老化、新书购置不及时、公共服务不到位等问题。部分乡镇图书馆只是因为政府的考核要求而建立，缺乏持续的资金投入和明确的制度规范，各项设施陈旧，藏书也只有最初建立时的那一批，内容陈旧，可读性差，甚至有的基层图书馆因为没有稳定的工作人员，连正常开放服务都无法保证，无法满足所在区域民众的公共文化需求，更无力承担阅读推广的职责。

因此，制定并实施一套有关各层级公共图书馆业务建设、技术应用、服务效能的工作标准体系，对于规范图书馆的基础设施建设、业务工作和技术应用及各项管理和服务工作，提高公共图书馆（特别是基层图书馆）的使用绩效和可持续发展，是十分必要的。李国新教授曾说过，公共文化服务标准化的目标是构建包括政策法规、业务规范、技术标准、工作准则等在内的标准规范体系，这其中包括保障标准、业务和技术标准以及评级标准三个方面[1]。这在公共图书馆服务体系中同样适用。通过公共图书馆标准化建设，规范公共图书馆服务体系所包含的组织体系、经费保障、技术标准、服务提供等各方面内容。通过制定并严格执行各种标准来提升区域图书馆一体化程度，加强协作，消除壁垒，使图书馆体系内有关的业务活动环节都有机地联系起来，保证业务工作有条不紊地进行，从而提高公共图书馆的工作效率和质量。

在这种背景下，2016 年，宁波市《乡镇（街道）图书馆建设与服务规范》应运而生。

二、《乡镇（街道）图书馆建设与服务规范》出台的意义

《乡镇（街道）图书馆建设与服务规范》（以下简称《规范》）是基层图书馆

---

① 刘婵.公共文化标准化：让文化服务有准可依［N］.中国文化报，2018–04–14.

标准建设的一次有益尝试。是当时国内第一个关于乡镇和街道图书馆的地方标准。《规范》主要体现出三个方面的特点。一是填补了国内乡镇图书馆标准的空白。该规范是全国首个《乡镇（街道）图书馆建设与服务规范》地方标准，它的发布，为乡镇（街道）图书馆提供了统一的建设标准，为争取政府对乡镇（街道）图书馆建设的保障提供了依据；同时，它也为科学评价乡镇（街道）图书馆的服务绩效水平提供了统一的标准与度量。二是充分考虑了宁波地区乡镇（街道）图书馆的建设和服务经验。标准是最佳实践的总结，因此，在制定标准时，充分将该区乡镇（街道）图书馆建设和服务的经验吸纳进来，考虑了宁波的实际情况和地域特色。经费投入、馆藏建设等与宁波的经济发展水平相协调，在一些条款细节上也符合地方实际。三是注重标准的科学性和可操作性。在标准的制定过程中，通过充分的实践调研，结合对国内外公共图书馆建设和服务先进经验的学习，把标准的规范性要求和引导性要求相结合，注重标准的可操作性和扩展性。同时，适当留出发展余地，可为乡镇（街道）图书馆的进一步建设和发展提供指导，具有一定的前瞻性。

国家公共文化服务体系建设委员会专家委员会主任委员李国新教授对《规范》给予了高度肯定。他指出，这个《规范》走在全国前列，至少有以下四个亮点。第一，《规范》明确了乡镇（街道）图书馆设置、保障的责任主体。第二，《规范》的绩效指标量化程度高，底线标准在全国图书馆发展指标中全面领先，上限标准相当一部分已接近国际先进水平。比如，千人拥有图书馆的馆舍面积，宁波的标准分成 23–27 平方米共 5 个等级，全国是 9.6 平方米，东部是 12.2 平方米，宁波标准明显超越全国标准。此外，标准中提到"5 年业内出版的新书要占馆藏的 50% 以上"，这是一大突破。国际上有个一般测算数据，对公共图书馆来说，5 年以内出版的新书可以满足 80% 的读者需求。把 5 年以内新书比例引入《规范》，是明显的突破，体现了以用为主的理念。第三，《规范》在绩效评价中，把乡镇（街道）图书馆标准划分为 5 个等级，设置不同的目标，体现了宁波公共文化服务体系"兜底线""促发展"的结合，以及"分类指导"和"重点突破"的结合。避免"一刀切"，使标准设定得更为理性。第四，把乡镇图书馆纳入总分馆体系，是理念上的进步。国际经验表明，公共图书馆服务项目中的大幅度提升不能仅仅依靠单体图书馆的单打独斗，而通过把乡镇图书馆纳入总分馆体系，形成统一采购、统一编目、统一配送等统一服务格局，对提升服务效能有明显作用。

《规范》的发布，为乡镇（街道）图书馆提供了统一的建设标准，为政府对乡镇（街道）图书馆建设的保障提供依据；同时也为科学评价乡镇（街道）图书馆的服务绩效水平提供统一的标准。《规范》的实施将推动宁波地区乡镇（街道）图书馆的建设和服务朝着更加科学化、规范化和标准化的目标前进。有利于进一步解决地区内各乡镇（街道）图书馆发展不平衡的问题，使乡镇（街道）图书馆走上规范化发展道路，实现可持续发展，使乡镇（街道）图书馆成为推进全民阅读的重要阵地和城乡居民共享精彩阅读生活的乐园。

第二节 《乡镇（街道）图书馆建设与服务规范》的主要内容

《规范》由六个章节组成。第一章是范围，明确乡镇图书馆的范围和定义。第二章是总则，对乡镇（街道）图书馆的设立、选址、设置以及在"总分馆服务体系"中的定位进行了规定。第三章至第六章是《规范》的重点，分为资源保障、运营管理、服务提供和绩效评价四个部分。其中资源保障从设施、文献信息资源、人员保障、信息技术、经费等五个方面进行规定。运营管理从制度建设、功能布局、标识、资源采购与组织、宣传推广、需求反馈与评价、读者权益保护、人员管理、志愿者管理、延伸管理等10个方面进行规定。服务提供从服务原则、服务公示、服务开放、外借服务、咨询服务、数字服务、读者活动与终身教育服务、未成年人服务、老年人服务、延伸（流动）服务等10个方面进行规定。绩效评价从资源保障水平和服务绩效两个方面共16项指标对乡镇图书馆建设和服务的水平进行了评定，将其分为一星级到五星级共五个级别。规范的主要内容如图9-1所示。

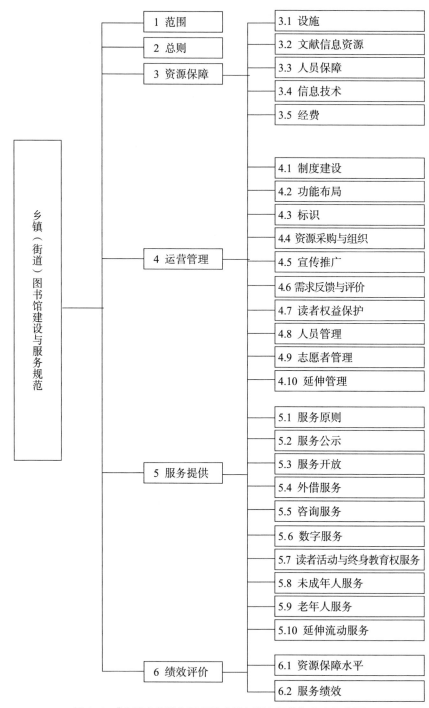

图 9-1 《乡镇（街道）图书馆建设与服务规范》内容示意图

这其中，第三章至第六章中的主要内容分别如下。

（一）资源保障

资源保障从设施、文献信息资源、人员保障、信息技术、经费等五个方面进行规定。在"设施"方面，明确乡镇（街道）图书馆的设施设备配置要求，对馆舍面积、阅览座位、网络与宽带接入、公众使用联网终端设备等四项指标提出基本要求。在"文献信息资源"方面，明确了乡镇（街道）图书馆建设费用的保障机制，并对总馆藏量、人均占有藏书、人均年增藏书、报刊总量等四项指标均提出了基本要求。在"人员保障"方面，明确了人员配备和数量、馆长（负责人）及工作人员的资质等要求。在"信息技术"方面，提出了乡镇（街道）图书馆与县（区、市）图书馆联网通借通还的要求，还明确建有或共享公共电子阅览室（"文化共享工程"基层服务点），提供免费 Wi-Fi 上网服务等要求。在"经费"方面，规定了经费的来源、数量及逐年递增的要求。

（二）运营管理

从制度建设、功能布局、标识、资源采购与组织、宣传推广、需求反馈与评价、读者权益保护、人员管理、志愿者管理、延伸管理等 10 个方面进行规定。在"制度建设"方面，提出了制定《图书馆运营管理工作手册》、图书馆应急预案、图书馆安全管理制度的要求。在"功能布局"方面，提出图书馆整体布局的要求，并对残障人士专用设施设置、未成年人阅览室及室外活动场地的设置进行规定。在"标识"方面，就方位区域标识、文献排架标识、无障碍标识等进行了规定。"资源采购与组织"方面，就各类文献信息资源的采购、组织、加工进行了规定。"宣传推广"方面，就方便读者查询、公众推介、服务宣传等工作进行了规定。在"需求反馈与评价"方面，就服务质量评价和监督、回应读者需求、处理读者意见或投诉等进行了规定。在"读者权益保护"方面，就读者享有的权利及其相应的读者信息安全等内容进行了规定。在"人员管理"方面，就人员职业要求、服务能力、专业培训等方面进行了规定。在"志愿者管理"方面，就志愿者服务体系建设等相关内容进行了规定。"延伸管理"则对村（社区）公共图书馆分馆（文化礼堂）、图书流通点（农家书屋）、24 小时自助图书馆等协助指导或管理提出了要求。

（三）服务提供

从服务原则、服务公示、服务开放、外借服务、咨询服务、数字服务、读者活动与终身教育服务、未成年人服务、老年人服务、延伸（流动）服务等 10 个方面进行规定。在"服务原则"方面，提出了乡镇（街道）图书馆公共服务提供的基本要求。在"服务公示"方面，规定了应向读者公示的内容及方式。在"服务开放"方面，规定了开放时间确定的原则、公示，以及周开放时间、双休日开放等要求。此外，还进一步就外借服务、咨询服务、数字服务、读者活动与终身教育服务、未成年人服务、老年人服务、延伸（流动）服务等的内容和要求进行了规范。

（四）绩效评价

从资源保障水平和服务绩效两个方面共 16 项指标对乡镇图书馆建设和服务的水平进行了评定，把其分为一级到五级五个级别。为促进政府对乡镇（街道）图书馆建设的保障提供依据；同时也为科学评价乡镇（街道）图书馆的服务质量提供了统一的度量标准。

第三节 《乡镇（街道）图书馆建设与服务规范》绩效评价解读

在宁波市《乡镇（街道）图书馆建设与服务规范》中，需要特别说明的是绩效评价部分，因为它开创性地使用了量化指标的模式，把抽象的标准规范量化成可以衡量、比较、分析的数字指标，使得标准设定更加理性，也更加具有实践操作性。这是这份规范中的重点，也是亮点所在。此外，它所设置的从基本到杰出的五个不同等级标准的划分，为数量众多、情况各异的乡镇图书馆设置了不同的目标，体现了公共文化服务体系"兜底线""促发展"的结合，以及"分类指导"和"重点突破"的结合。那么，究竟这 16 项指标从何而来？每一项标准又是如何确定指标和等级？接下来，将重点对这 16 项绩效指标进行逐一解读。

这 16 项指标主要从两个方面来衡量，前八项是资源保障水平，主要考察政府对乡镇图书馆的投入和保障水平，后八项是服务绩效水平，主要考察乡镇图书馆的实际服务效率和服务能力。

（一）资源保障水平指标

资源保障水平，从馆舍面积、阅览座位、馆藏规模、新增藏书、人员配置、信息技术、开放时间、经费投入等八个指标进行评价。

1. 馆舍面积

馆舍面积衡量的是该乡镇图书馆服务人口的人均占有馆舍面积，按服务人口的每千人平均拥有的馆舍建筑面积来计算，其公式为：

$$A = \frac{A_O}{Q} \times 1000$$

其中：

A——馆舍面积，单位为平方米每千人（㎡／千人）；

A_0——馆舍建筑面积，单位为平方米（㎡）；

Q——服务人口数量，单位为人。

要求"乡镇（街道）图书馆总建筑面积在不少于 150 ㎡"为基础上，再按（23、24、25、26、27）㎡／千人的标准分为基本到杰出的五个星级。设置这个标准的依据为《公共图书馆建设标准》[1]，其第二十条规定，服务人口为 3–10 万的小型图书馆，千人面积指标的区间范围为 23–27 ㎡。

2. 阅览座位

阅览座位也同样以服务人口的人均拥有阅览座位数来衡量，按服务人口的每千人平均拥有的阅览座位数来计算，其公式为：

$$B = \frac{B_0}{Q} \times 1000$$

其中：

B——阅览座位，单位为座每千人（座／千人）；

B_0——阅览座位总数，单位为座；

---

[1] 中华人民共和国住房和城乡建设部，中华人民共和国国家发展和改革委员会．住房和城乡建设部　国家发展和改革委员会关于批准发布《公共图书馆建设标准》的通知［EB/OL］［2019–03–22］http：//www.mohurd.gov.cn/wjfb、200902/+20090226_186362.html.

Q——服务人口数量，单位为人。

要求"乡镇（街道）图书馆阅览座位不少于30座"为基础上，再按（1.3、1.4、1.6、1.8、2.0）座/千人的标准分为基本到杰出的五个星级。设置这个标准的依据同样为《公共图书馆建设标准》的第二十条，服务人口为3-10万的小型图书馆，千人阅览座位的区间范围为1.3-2.0座。

3. 馆藏规模

馆藏规模衡量的同样是人均藏书量。其公式为：

$$C = \frac{C_0}{Q}$$

其中：

C——人均藏书，单位为册（件）每人 [册（件）/人]；

C_0——总馆藏，单位为册（件）；

Q——服务人口数量，单位为人。

人均藏书指标按（1.00、1.25、1.50、1.75、2.00）册、件/人分为基本到杰出的五个星级。且要求乡镇（街道）图书馆总馆藏量不少于10000册（件）。其基础编制依据是《浙江省基本公共文化服务标准》[①]，在该标准中，要求县级公共图书馆人均藏书1册以上。同时，根据《公共图书馆建设标准》中对小型公共图书馆的人均藏书量要求为1.2-1.5。此外，本着"满足基本需求，适当提高要求，以先进国家、地区标准为参考"的指导思想，参考澳大利亚公共图书馆的标准为人均馆藏2件。而美国佛罗里达州公共图书馆标准中建议，服务人口2.5万以下的，人均馆藏3件以上；服务人口2.5万以上的，人均馆藏2件以上。微型公共图书馆，馆藏最少不低于10000件。综合考虑后，设置了从人均1-2册的五个星级指标。

在这个指标中，特别要注意的是，要求馆藏图书50%以上应是近五年内出版的"为基础，这也被业界认为是标准的一大突破。国际上有个一般测算数据，对公共图书馆来说，五年以内出版的新书可以满足80%的读者需求。在实际工作中也注意到，对于乡镇、街道级别的图书馆来说，五年内的新书能满足绝大多数读者的基本需求。因此，在这个标准中把五年以内新书比例引入了规范，体现

---

① 浙江省文化厅.浙江省基本公共文化服务标准（2015—2020年）[EB/OL].[2018-4-15]http://www.zjwh.gov.cn/dtxx/zjwh/2017-10-19/216282.htm.

了以用为主的理念，是一种突破和创新。

4. 新增藏书

新增藏书按服务人口的每人平均年新增藏书数量来计算，其公式为：

$$C_I = \frac{C_n}{Q}$$

其中：

C_I——人均新增藏书，单位为册（件）每人［册（件）/ 人］；

C_n——新增藏书，单位为册（件）；

Q——服务人口数量，单位为人。

按人均新增藏书指标（0.04、0.08、0.12、0.16、0.20）册、件 / 人分为基本到杰出的五个星级。其主要依据为文化部《国家公共文化服务体系示范区（项目）验收标准》[①]中对东部地区图书馆的要求为，人均年增新书在 0.04 册次以上为达标，人均年增新书在 0.05 册以上为优秀。而《浙江省基本公共文化服务保障标准》要求，县公共图书馆人均年增新书为 0.05 册。此外，国际图联对公共图书馆的建议为人均新增藏书 0.20 册以上。依据"满足基本需求，适当提高要求，以先进国家、地区标准为参考"的指导思想，将该项指标设置为人均新增藏书量从 0.04–0.20 册的五个星级指标。

5. 人员配置

工作人员数量同样以每千人服务人口，平均拥有的全时人员数来计算，其公式为，

$$D = \frac{D_0}{Q}$$

其中：

D——每千人拥有全时人员数，单位为个；

D_0——工作人员总数，单位为个；

Q——服务人口数量，单位为人。

要求"乡镇（街道）图书馆全时人员最低不少于 2 人"，再以每千人拥有全

---

① 中华人民共和国文化部，中华人民共和国财政部. 文化部 财政部关于开展第四批国家公共文化服务体系示范区（项目）创建工作的通知［EB/OL］.［2018–04–15］http://zwgk.mct.gov.cn/auto255/201708/t20170821_692569.html.

时人员数为（0.040、0.055、0.070、0.085、0.100）人分为基本到杰出的五个星级。数据设置的主要依据是《公共图书馆服务规范》[①]（GB/T 28220–2011），在这个规范中，要求"公共图书馆工作人员数量的确定，应以所在区域服务人口数为依据"，"每服务人口 10000 人—25000 人应配备 1 名工作人员"。按照这个标准，换算成千人指标，即为 0.04–0.10 人。

6. 信息技术

在信息技术的标准中，除要求配备必要的信息技术装备外，对数字体验空间、新型数字装备等都做出了要求，以符合日新月异的信息社会的要求。以逐级提升的要求进行规定，设为

- 基本（一星级）：公众使用至联网终端设备 10 台；
- 适度（二星级）：基本（一星级）+ 馆舍免费提供 Wi–Fi；
- 良好（三星级）：适度（二星级）+ 一般科普设施设备；
- 优秀（四星级）：良好（三星级）+ 数字体验空间；
- 杰出（五星级）：优秀（四星级）+ 新型数字装备。

其中 10 台终端设备的指标设置根据文化部和财政部出台的《"公共电子阅览室建设计划"实施方案》[②]的要求，其中规定"重点推进乡镇和街道、社区公共电子阅览室的建设。按照面积不少于 40 平方米、终端计算机不少于 10 台、局域网存储空间不少于 1TB、互联网出口带宽不低于 2M 的标准，建设规范的乡镇、街道（社区）级公共电子阅览室。而随着经济的发展和科学的进步，公众对于信息获取的要求更加多样化和个性化，自带手机的公众越来越多，在公共文化设施内，免费提供 Wi–Fi 上网环境显得更为重要。而大众对于新型数字化信息设备使用和体验的需求也不断增长，在有条件的基层图书馆也可以考虑设置。

[①] 国家质量监督检验检疫总局，国家标准化管理委员会. 公共图书馆服务规范［M］. 北京：中国标准出版社，2012：1–8.

[②] 中华人民共和国文化部，中华人民共和国财政部. 文化部 财政部关于印发《"公共电子阅览室建设计划"实施方案》的通知［EB/OL］.［2018–04–15］. http：//www.mof.gov.cn/zhengwuxinxi/zhengcefabu/201202/t20120228_631111.htm.

7. 开放时间

开放时间以每周开放时间进行评价，按（48、50、52、54、56）小时 / 周分为基本到杰出的五个星级。同时要求开放时间稳定，且双休日对外开放，符合基层图书馆读者需求的实际。

主要的参考依据包括：（1）《浙江省公共图书馆管理办法》[①]第十六条规定每周开放"乡镇、街道公共图书馆48 小时以上"。（2）《公共图书馆服务规范（GB/T 28220–2011）》规定"县级馆每周开放时间不少于 56 小时"。以乡镇、街道图书的规定开放时间为最低限，县级馆的开放时间为最高要求，设置了基本到杰出的五个星级指标。

8. 经费投入

按服务人口的人均经费投入计算，以保障乡镇（街道）图书馆日常运营管理与服务提供所需，其公式为：

$$E = \frac{E_O}{Q}$$

其中：

E——人均投入，单位为元每人（元 / 人）；

E_0——经费投入总额，单位为元；

Q——服务人口数量，单位为人。

要求"乡镇(街道)图书馆人均投入应不低于2 元"，并人均投入达到本县(区、市) 域内乡镇（街道）图书馆人均投入平均值的比例（80% 以上，100% 以上，110% 以上，120% 以上，130% 以上）分为基本到杰出的五个星级。其数据主要来源是根据宁波地区乡镇、街道图书馆的实际，2013–2015 年，年人均投入为 2 元，以此为基数。特别需要指出的是，这项指标特别标示了是维护日常运营、管理与服务所需的常规性费用，并没有包括设施基建费用和文献资源建设费（多级政府共建，由馆藏规模和新增藏书来控制）等一次性费用，这样，使得这项指标能够更加科学地衡量政府对乡镇图书馆的投入水平，以保障乡镇图书馆有序、可持续地运行。

[①] 浙江省文化厅. 浙江省公共图书馆管理办法［EB/OL］.［2018–04–15］. http://www.zjwh.gov.cn/zwxx/xxgg/2007–05–28/39060.htm.

（二）服务绩效评价指标

服务绩效评价，从目标人群覆盖率（办证率）、人均到馆次数、人均外借册数、每册藏书流通次数、读者活动次数、人均活动参与次数、读者满意度、荣誉表彰等八个维度对乡镇、街道图书馆进行评价。

1. 目标人群覆盖率（办证率）

目标人群覆盖率按服务人口中的有效持证读者数（即持证读者总数减去过去三年内未使用者人数）来计算，其公式为：

$$F = \frac{F_o - F_1}{Q}$$

其中：

F——目标人群覆盖率（办证率）；

F_0——持证读者总数；

F_1——过去三年内未使用者人数；

Q——服务人口数量，单位为人。

按服务人口中的有效持证读者比率（5%、10%、15%、20%、30%）分为基本到杰出的五个星级。目前业界对办证率的明确指标比较少，主要根据这两项数据来设置指标。一是截至 2015 年，宁波市公共图书馆目标人群覆盖率已达到 11%。二是根据美国佛罗里达州公共图书馆的标准要求，图书馆注册办证人数占服务人口的比例（剔除过去三年内未使用者人数）的下限为 30%。

2. 人均到馆次数，设为（0.5、0.6、0.7、0.8、1.0）次/人

人均到馆次数按如下公式计算：

$$G = \frac{G_o}{Q}$$

其中：

G——人均到馆次数；

G_0——到馆总人次数，单位为人；

Q——服务人口数量，单位为人。

按服务人口的人均到馆次数（0.5、0.6、0.7、0.8、1.0）次/人分为基本到杰出的五个星级。标准设置可参考文化部《国家公共文化服务体系示范区（项目）

验收标准》中对我国东部地区图书馆的要求，"人均到馆次数 0.5 次以上"为达标，0.6 次以上为优秀。

3. 人均外借册数

人均外借册数按公式计算：

$$H = \frac{H_0}{Q}$$

其中：

H——人均外借次数，单位为册、件每人（册、件 / 人）；

H_0——馆藏外借总册次数，单位为次；

Q——服务人口数量，单位为人。

人均外借册数是衡量乡镇、街道图书馆服务效率的基本指标之一。按人均外借册数（0.7、0.8、0.9、1.0、1.1）册 / 人分为基本到杰出的五个星级。以浙江省 2013 年公共图书馆图书外借人均 0.71 册为基数。

4. 每册藏书流通次数

每册藏书流通次数衡量的是乡镇、街道图书馆的藏书流通率，按如下公式计算：

$$I = \frac{H_0}{C_0}$$

其中：

I——每册藏书流通次数，单位为册每人（次 / 册）；

H_0——馆藏外借总册次数，单位为次；

C_0——总馆藏量，单位为册。

藏书流动率按每册藏书流通次数（1.0、1.1、1.2、1.3、1.5）次 / 年分为基本到杰出的五个星级。其主要编制依据是文化部颁发的《国家公共文化服务体系示范区（项目）验收标准》中对东部地区图书馆的规定，"市、县两级图书馆平均每册藏书年流通 1 次"为达标，1.1 次以上为优秀。

5. 读者活动次数

读者活动次数是指一年内由图书馆主办、承办的各类读者活动累计数。读者活动的形式，包括（但不限于）阅读推广、讲座、培训、展览、故事会、读书会、读报活动、视频资源欣赏、作业辅导（三点半课堂）等。按（12、24、36、48、60）

次／年分为基本到杰出的五个星级。在现代图书馆服务理论和实践中，公共图书馆举办的读者活动的数量和质量已经越来越成为衡量一个图书馆服务水平的重要指标之一。常态化、体系化的阅读推广活动和项目，可以吸引更多公众来馆利用，从而促进图书馆服务效益提升。该项指标以每月举办一次活动为底线设定，依次提高。

6. 人均活动参与次数

人均活动参与次数以服务人口在一年内人均活动的次数计算，其公式如下：

$$J = \frac{J_0}{Q}$$

其中：

J——人均活动次数，单位为册每人（次／人）；

J_0——活动参与人次总数，单位为次；

Q——服务人口数量，单位为人。

按人均活动参与次数（0.15、0.20、0.25、0.30、0.50）次／人分为基本到杰出的五个星级。这个指标是上个指标读者活动次数的补充和延伸，主要反映读者活动的效果和质量，目前国内业界在这方面考量比较少，根据美国佛罗里达州公共图书馆的标准要求，服务人口10万人以上的，人均活动参与次数的下限是0.15次；服务人口在2.5万–10万人，人均活动参与次数的下限是0.20次；服务人口2.5万人以下的，人均活动参与次数的下限是0.25次。以这个指标为参考，设置了上述标准。

7. 读者满意度

根据《公共图书馆服务规范（GB/T 28220–2011）》规定，读者满意度以参与问卷调查的读者中选择"基本满意"和"满意"的人数占调查总人数的比例计。各级公共图书馆的读者满意度应在85%（含）以上。因此这个指标要求《读者满意度调查表》中，读者对乡镇、街道图书馆满意度选择"基本满意"和"满意"的人数占总调查人数的比例也为85%以上，并按（85%、89%、93%、97%、100%）分为基本到杰出的五个星级。

8. 荣誉表彰

这一项主要鼓励乡镇、街道图书馆积极参加业界的各类竞赛和评选。根据三年内获得上级颁发的荣誉表彰奖项中最高授奖单位级别为［乡镇（街道）级、县（区、市）级、地级市、省部级、国家级］分为基本到杰出的五个星级。

从上述指标的分析中可以看出，《乡镇（街道）图书馆建设与服务规范》具有两个特点。

一是保证标准的科学性。在制定标准时，充分借鉴了国内外相关行业标准和规范。其中包括国内的建标 108–2008《公共图书馆建设标准》、GB/T 28220–2011《公共图书馆服务规范》，以及文化部的《国家公共文化服务体系示范区（项目）验收标准》，以及浙江省的《浙江省公共图书馆管理办法》和《浙江省基本公共文化服务标准》等规范性文件。在国际方面，主要参考了国际图联对公共图书馆服务的一些指导要求，以及美国佛罗里达州和澳大利亚对公共图书馆提出的相关规范要求。与此同时，充分调研，结合当地实际情况，吸纳宁波地区乡镇（街道）图书馆建设和服务经验，遵循协商一致等标准化基本规律，听取和吸纳各方意见，使得标准的设置更加科学合理，保证标准的科学性。

二是注重标准的可操作性。从标准的设置中可以看出，16 个绩效指标中，最大限度地使用了可量化的指标，并尽可能地结合服务人口数量，采用每千人拥有馆舍建筑，每人平均年新增藏书量等人均指标，使得标准更加符合数量众多、条件各异的不同乡镇、街道图书馆的实际。同时，为了更好地指导乡镇（街道）图书馆的建设和提供服务，标准在制定过程中，通过前期调研，充分学习先进国家和地区的做法，以规范性要求和引导性要求相结合，注重标准的可操作性和扩展性，充分发挥标准化的支撑，使其成为乡镇（街道）公共图书馆的建设、服务和评估的有效指南，为保障公众的基本文化权益、改善公共图书馆，特别是基层公共图书馆的服务条件发挥积极作用。

总结

本讲以宁波市《乡镇（街道）图书馆建设与服务规范》为范例，阐述了基层图书馆标准化建设的背景、内容和意义，特别对标准化建设中的绩效评价内容进行了详细的解读和分析，希望从不同的角度，对社区和乡村阅读推广的可持续发展提供可参考的经验。

第十讲

社区与乡村阅读推广的新探索

互联网的普及和移动互联网的兴起给图书馆阅读推广工作带来了新一轮的机遇和挑战。一方面，各级公共图书馆积极应用新技术发展数字图书馆、自助图书馆和移动图书馆，打破时空限制，为基层读者获取图书馆资源与服务提供便利。另一方面，由于各地经济社会发展不平衡，基层群众对数字阅读的认识、需求、使用率也都存在较大的差异，图书馆所提供的公益性数字阅读服务的知晓度、利用率还有很大的提升空间。这就要求各地图书馆因地制宜，开展基层调研，针对本地区社区和乡村读者的需求，提供普适性和地域性的数字资源，同时利用线上、线下的途径，积极推广图书馆的新技术和新服务，真正实现图书馆服务惠及全民，缩小信息鸿沟，保障公共文化服务的公益性、基本性、均等性和便利性。

本讲将结合案例，介绍公共图书馆如何利用数字化、自助化和移动化手段开展阅读推广，服务社区与乡村的基层读者，同时分析现阶段数字阅读推广中的问题难点，并提出对策建议，以促进基层开展阅读推广。

第一节　数字化阅读推广

图书馆的数字化阅读推广包含两层意思：一层意思是利用数字化手段，将图书馆的传统阅读服务推介给读者；另一层是指利用线上、线下相结合的方式，将图书馆的数字资源和信息服务推介给读者。数字阅读推广不是图书馆单向地输出资源，而是考虑供给与需求的对接。在面向社区与乡村开展阅读推广之前，首先要分析图书馆所拥有的资源，以及基层读者所需的服务，实现供给与需求的平衡。

从供给方看：目前数字资源建设主体日渐多元，公共图书馆可利用的资源不再局限于馆藏文献，各种自建、商购、开放存取的数字资源层出不穷，图书馆应发挥自身在资源搜集、甄选、整序、开发的优势，形成适合乡村与社区的资源表单，以点单式服务提供以社区与乡村读者。

从需求方看：社区与乡村读者的需求有共性和个性。《第十五次全国国民阅读报告》显示："2017 年，我国成年国民网上阅读行为中，深度图书阅读行为的占比偏低。""在 0~8 周岁的儿童家庭中，超过七成家庭有陪孩子读书的习惯。""有两成以上国民有听书习惯。"[①] 根据这一调查结果，图书馆可以将休闲阅读、亲子阅读、多媒体视听阅读作为基层读者的共性需求。我国乡村读者有特定需求，综合江苏南京 [②]、湖南 [③]、海南三亚 [④] 等地农民阅读需求的调查，农业技术、农业市场、惠民政策、医疗卫生等方面的信息是农民最为需要的，这类需求也应被重视。

本节将从数字阅读服务的供需双方诉求出发，首先介绍公共图书馆在社区与乡村开展数字阅读推广时的可用数字资源，随后从读者的认知习惯入手，分析数字化阅读推广的渐进方式，最后指出乡村数字阅读推广中的难点与突破。

一、数字化阅读资源的甄选

数字图书馆推广工程、国家图书馆、省级图书馆作为数字资源的建设方，在互联网上发布了众多普适性的优质数字资源，在下文中将择优加以推荐，推荐资源大部分均可在互联网上远程访问，部分资源仅对贫困地区或特定区域开放。利用这些资源，可以缓解社区阅览室、乡村图书室数字资源不足的困境，为基层馆员开展阅读活动提供资源库。

---

① 中国新闻出版研究院. 第十五次全国国民阅读调查报告发布［EB/OL］.［2018–04–18］.http：//book.sina.com.cn/news/whxw/2018–04–18/doc–ifzihnep4386289.shtml.

② 茆意宏，崔倩倩. 农民移动阅读需求实证研究［J］. 国家图书馆学刊，2015（1）：70–77.

③ 刘敏，邓益成，何静，等. 农民信息需求现状及对策研究———以湖南省农民信息需求现状调查为例［J］. 图书馆杂志，2011（5）：44–48.

④ 唐海芳. 三亚市农民图书信息需求现状调查及对策研究［J］. 农业图书情报学刊，2017（1）：58–61.

（一）通识教育平台：国图公开课（http：//open.nlc.cn/）

图 10-1　国图公开课首页截图

"通识教育平台"是国图公开课的课程定位。它借鉴了慕课（MOOC）即大规模在线开放课程的做法，力求打造适合社会公众的在线学习平台，适合在社区与乡村进行推广。国图公开课课程内容分为名著品读、养生智慧、父母课堂、音乐之声等主题，现有 1400 讲。每讲时间不一，但均被分割成 20 分钟左右的小节，便于分段学习。国图公开课的另一特点是将视频讲座与图书馆馆藏文献相结合，学员可点击"拓展学习"阅读相关馆藏文献。见图 10-1。

（二）少儿读物——数字图书馆推广工程资源库群（http：//www.ndlib.cn/tggczy/）

数字图书馆推广工程资源库群中有丰富的少儿阅读资源，可以成为社区、乡村开展亲子阅读活动时的备选读物。库群中收录了 370 集趣味手工视频的《妙趣手工坊》、近 900 集少儿绘本的《中少绘本》、800 余册少儿图书的《哪吒看书》、1600 余集少儿动画的《中少动画资源库》等，这部分资源均通过互联网向读者免费开放。

（三）"三农"信息——数字图书馆推广工程基层数字图书馆（http：//jctsg.ndlib.cn）

"贫困帮扶"是设立数字图书馆推广工程基层数字图书馆的出发点，这一网站专为贫困地区读者而设，主要栏目包括：三农关注、政策普法、农业技术、就业培训等，提供电子图书、电子期刊、精选视频、少儿专栏、热点资讯等内容，满足偏远乡村和贫困地区读者的阅读需求，可以作为面向乡村读者开展数字阅读推广活动的推荐资源。

（四）乡邦文献——地区数字图书馆自建资源

"乡邦文献"是各省级公共图书馆自建数字资源库的重要组成部分，这为乡村和社区图书馆开展数字阅读活动提供了丰富的本土资源。如上海图书馆电子资源库（http：//db.idoc.sh.cn/）中的自建数据库中包括了反映上海风物与文化变迁的"上海年华"图片数据库、上图馆藏家谱目录，为读者了解近代上海和家族变迁提供便利。云南图书馆建立的文化共享工程云南分中心文化信息资源网（http：//www.ynlib.cn/Category_171/Index.aspx）中的自建资源介绍了农业种植、养殖技术、乡村普法、致富经、乡村生活等信息，为乡村读者提供信息和科技支持。

（五）博采众长——互联网上的其他阅读资源

除了图书馆馆藏数字资源外，在面向社区和乡村图书馆开展数字阅读活动方面，还可以利用一些公益或商业网站上的阅读资源。如阅读图书前，可以参考豆瓣网（www.douban.com）的读者评分和书评，节省选择书目的时间。另外，亚马逊中国（www.amazon.cn）有免费 kindle 电子书供公众下载阅读，包括进入公有版权领域和各出版机构推出的免费电子书，内容涵盖文学、国学、哲学、儿童、科学等中外文电子书，可以作为社区、乡村阅读推广活动的数字阅读文本。

二、数字化阅读推广的方式

不同地域、年龄、文化程度的读者对数字阅读的理解差异很大，对所需的数字阅读的形式、内容也不尽相同。尽管公共图书馆已经提供了多载体、多类型的数字阅读服务，但部分基层读者并不了解公共图书馆的数字阅读服务，或者不清楚图书馆除了"借书看报"以外还有其他的功能，甚至从未到过图书馆或是社区（村）图书室。

因此，在面对不同的人群开展数字化阅读推广服务时应采取不同的策略，明确推广的重点人群和重点资源，以及达成的阶段目标，并且尊重读者的认知习惯，循序渐进地开展阅读推广活动。

（一）基于信息素养提升的推广方式

对于老年人、偏远地区的乡村读者，首先应采用举办讲座、展览、培训等形式，让读者对什么是数字阅读、数字阅读的载体和形式、公共图书馆的公益性数字阅读服务有一个认识上的更新。可利用街道（乡镇）图书室、社区（村）阅览室、乡村文化礼堂等读者熟悉的场所，开展提升信息素养的相关活动。为吸引更多群众参与，讲座和展览中应多结合视频、图文给予展示，应尽可能生动且直观地展示数字阅读的优势，以及给日常生活带来的乐趣与便利。对于主动报名参加信息素养培训的读者，结合在线课程与线下辅导，指导其通过计算机、手机、平板电脑等设备获取图书馆资源与服务。

（二）基于数字阅读体验的推广方式

对于熟悉数字阅读的年轻人，可以提供多样式的数字阅读推广设备，让年轻人直接体验图书馆的公共数字资源和服务，为他们获取资源提供新的选择，鼓励其将公益服务与商业服务进行比较，从而做出理性选择。在具体做法上，可以将电子书借阅机、数字读报机、期刊借阅机等设置在社区活动中心或人群集中场所，结合免费办证、扫一扫下载热门图书等活动，把社区人群吸引过来，体验家门口的数字图书馆服务。

（三）基于阅读习惯培养的推广方式

对于未成年人尤其是少年儿童，宜采用线上线下结合、形式多样的阅读推广活动，促使小读者发现并更好地利用图书馆资源，在图书馆的平台上与同好交流，相互激励，形成良好的阅读习惯。在具体做法上，可以采用在"朗读亭"录音和朗读培训相结合，少儿读书会与主题美文分享相结合，放电影和影视原著借阅相结合，手工制作比赛和手工制作数据库推荐结合等方式，用生动、有趣的形式吸引小朋友来发现图书馆的精彩。

三、数字化阅读推广的难点与突破

数字化阅读推广的难点主要在乡村和偏远地区。根据《第十五次全国国民阅读调查报告》，我国城乡居民的数字阅读量存在着明显差异。城镇居民 2017 年的数字化阅读方式接触率为 81.1%，比乡村居民的 63.5% 高 17.6 个百分点①。分析当前乡村居民数字阅读率低的原因，很大一部分原因在于乡村人口中网民的占比较低。截至 2017 年 12 月，我国非网民规模为 6.11 亿，其中城镇非网民占比为 37.6%，乡村非网民占比为 62.4%。②

（一）乡村数字化阅读推广的难点分析

是哪些原因阻碍了部分乡村人口不接触网络，进而不接触数字阅读呢？据第 41 次中国互联网络发展状况统计报告分析：首先，从阅读能力上，上网技能缺失以及文化水平限制仍是阻碍非网民上网的重要原因。因不懂电脑、不懂拼音等知识水平限制而不上网的非网民占 53.5% 和 38.2%。其次，从阅读条件上看，因没有电脑，或无法连接互联网等上网设施条件限制而无法上网的非网民占比为 14.8%。最后，从阅读兴趣上看，因为不需要、不感兴趣而不上网的非网民占比为 9.6%。综上，乡村文化教育普及率低、农民人均消费能力和阅读的重视程度都是影响农民开展数字阅读的因素。

（二）乡村数字化阅读推广的难点突破

首先，针对村民阅读能力不足的问题，要在乡村开展信息素养培训，公共图书馆可与其他社会机构合作，在乡村开展面向乡村中小学生、亲子家庭、留守子女、乡村老年人的信息素养培训活动，将线上培训与线下辅导相结合，逐步提升乡村基层群众利用互联网、利用图书馆的能力。其次，针对阅读条件不足的问题，公共图书馆应积极争取经费，全面铺开服务网点，保证开放时间，为乡村读者建设提供数字阅读设备和上网环境，并通过机构合作、招募志愿者，缓解图书馆人员不足的问题。最后，针对村民阅读兴趣不足的情况，应根据不同读者群体制定不同的阅读推广策略，比如，以收听戏曲和影视剧集来吸引乡村老年群体，以订阅天气信息和农技信息来吸引种养殖户，总之，尽可能选择操作便利、公益免费的数字资源，降低乡村读者使用数字阅读的技术门槛和费用门槛。开展线上的数

---

① 新浪读书.第十五次全国国民阅读调查报告发布［EB/OL］.［2018–05–30］.http：//book.sina.com.cn/news/whxw/2018–04–18/doc-ifzihnep4386289.shtml.

② 中国互联网络信息中心（CNNIC），第 41 次中国互联网络发展状况统计报告［EB/OL］.［2018–05–30］http：//www.cnnic.net.cn/hlwfzyj/hlwxzbg/hlwtjbg/201803/t20180305_70249.htm.

字阅读活动，同时要注重建立简单有趣和必要的激励机制，吸引乡村中的年轻人去体验图书馆数字阅读服务。

（三）乡村数字化阅读推广的前景展望

直面现实，公共图书馆尚不能独立破解乡村数字阅读率低这一难题。乡村数字阅读率的提高还有赖于社会经济的发展、教育均等化、全民阅读意识的加强。可喜的是，目前乡村数字阅读接触率呈现逐年上升的趋势，数字阅读推广的促进因素同样存在。首先，智能手机的普及以及手机友好的交互体验，大大降低了农民的数字阅读门槛，尤其是伴随社交软件兴起的微信阅读，使越来越多的农民自然地接触到数字阅读。其次，互联网加快了数字社会普惠化程度。截至 2017 年年底，移动宽带网络基本实现城市、县城的连续覆盖，为推进数字阅读提供了良好的网络条件。在此条件下，公共图书馆更应积极主动地将公共数字文化服务深入到社区乡村，惠及基层群众。

第二节　自助化阅读推广

自助化阅读推广是指图书馆利用自助化设备和场馆，为读者提供自助办证、借还、预借等服务，并开展相应阅读推广和指导活动。自助馆全天候不间断开放，延长了公共图书馆的服务时间，它走入城市、社区、乡镇、乡村，将图书馆服务向基层延伸，成为公共图书馆服务网络中的重要节点。

本节分为三个部分，首先，展示自助化阅读服务的规模与样本。其次，介绍自助化阅读推广的方式。最后，分析自助化阅读推广的难点与突破。

一、自助化阅读服务的实践探索

目前，自助化阅读场馆的形式主要有自助图书馆和城市书房。2005 年，我国大陆地区首座自助图书馆在东莞落成。2008 年，深圳图书馆将 10 座"城市街区自助图书馆"投放到中心城区。深圳图书馆的自助街机模式经推广被众多城市引进，掀起一轮自助图书馆建设高潮。2014 年，场馆型自助图书馆在温州落成，后命名为"城市书房"。与街机相比，城市书房扩大了场馆面积和藏书量，在提供自助借阅服务外，还发展成为公共文化空间，这一模式随后被多座城市效仿。截至 2018 年，以自助街机形式布点较多的区域有：深圳市 255 座 ①、武汉市 147 座 ②、北京市朝阳区 127 座 ③。以城市书房形式布点较多的区域有：温州市 35 家 ④，扬州市 19 家 ⑤，威海市 10 余家 ⑥。现以深圳的城市街区 24 小时自助图书馆、温州的城市书房和百姓书屋为样本，介绍自助化阅读服务的具体做法。

（一）深圳的城市街区 24 小时自助图书馆

图 10-2　深圳图书馆城市街区 24 小时自助图书馆

深圳图书馆的城市街区 24 小时自助图书馆起步较早，运营稳定。每一座街机占地约 10 平方米，可容纳图书 400 册。从网点分布看，街机布局在城市社区、交通站点、商业广场等城市人群聚集地，在整体规划的基础上，采取自主申请、现场核实、专家评估相结合的方式，社区、单位均可提出建点申请，表达社区居

① 深圳图书馆网.城市街区自助图书馆服务点查询［EB/OL］.［2018-06-10］.https：//www.szlib. org.cn/libraryNetwork/selfLib/id-5.html.

② 武汉图书馆网.武汉图书馆 2016 年度工作汇编［EB/OL］.［2018-06-10］.http：//www.whlib. org.cn/uploads/1/file/public/201709/20170911165505_0esp02r723.pdf.

③ 朝阳区图书馆网.24 小时自助图书馆设施分布［EB/OL］.［2018-06-10］.http：//www.cylib.cn/ map.Qtculturemap.do?m=culturemap.

④ 温州市图书馆网.城市书房介绍［EB/OL］.［2018-06-10］.http：//www.wzlib.cn/citysf/.

⑤ 扬州市图书馆主城区城市书房一览表［EB/OL］［2018-06-10］.http：//www.yzlib.cn/lib/Article Show.html?Id=8353aa00-b5d6-4a6a-949d-60d8e504f91d&TypeId=2bd91538-a519-4be7-a9f8- 0be0edc05dc7.

⑥ 苏锐.山东威海建设城市书房助力全民阅读——为城市增添书香［N］.中国文化报，2018-05-21.

民的阅读需求。从设备功能看，自助图书馆涵盖了实体图书馆的基础功能，其主要功能包括：申办读者证、自助借书、自助还书、图书预借、图书续借、查询服务、存入预付款、滞纳金自助扣缴等。从图书配送看，设有开架外借和预约借书两种，既为书找人，也为人找书。在图书配送前，对社区居民的借阅需求、借阅偏好进行分析，合理配送图书。2008-2014 年，深圳 24 小时自助图书馆累计服务读者超 500 万人次，借还文献 1000 万册次，预借送书 61 万余册次，办理读者证 13 万张。[①]

（二）温州的城市书房和百姓书屋

图 10-3　温州双屿城市书房（图片来源:《温州日报》　郑云，单晓叶 / 摄）

　　2014 年，温州首家城市书房落地。在选址上，城市书房一般选在一楼临街、人口集中、交通便利、环境相对安静且市政配套设施条件良好的区域，占地面积为 150-300 平方米。从设施配备上，一般配置文献在 8000 册以上，并可实现自助办证、图书借还、续借、数字资源阅读功能。书房内设有书桌、沙发，且配备了自助饮水机、咖啡机等。与城市街区自助图书馆相比，城市书房在占地面积和文献数量方面有明显增加，而且，免费开放的公共阅读空间是吸引市民在此学习休闲的一大亮点。同时，城市书房利用场地开展沙龙、朗读、展览、讲座等文化

---

① 万娜 . 城市街区自助图书馆文献调配模式研究——以深圳市城市街区自助图书馆为例［J］. 新世纪图书馆，2016（5）：42-44.

活动，将城市书房真正打造成开放的文化交流空间。

图 10-4　温州市岩头镇的百姓书屋（图片来源：永嘉发布　孙佰林 / 摄）

2017 年 12 月，温州市永嘉县岩头镇的百姓书屋正式开放。其选址建设标准、开放理念、管理方式、运行模式都基本参照城市书房，是设在乡镇乡村百姓家门口的无人值守的一座图书馆。书屋内设有自助借还书机和办证机等配套设施，为读者提供全天候、全自助的办证、借阅、续借、还书等服务。岩头镇的百姓书房在试运行期间就受到周边村民的欢迎，激发了群众的阅读热情。截至 2018 年 5 月，温州已建成 24 家百姓书屋 [①]。

二、自助化阅读推广的方式

城市街区 24 小时图书馆、城市书房、百姓书屋这些自助化设备和场馆（以下简称"自助馆"）要真正融入社区和乡村，促进基层阅读活动的开展，不仅要依靠一套自助化的设备组合，而且还要通过持续服务、开放姿态、活动设计、品牌经营来吸引读者，满足读者多样化的阅读需求。

---

① 王学思 . 图书馆闭馆，馆员都去哪儿了？［N］. 中国文化报，2018–05–31.

（一）以持续服务促进基层阅读

对社区中出现的新事物，居民会有一个观望、尝试、接受或排斥的过程。要让自助馆被读者接受，首先，保障其环境整洁、设备可用，避免出现书籍混乱、设备长时间故障等情况。其次，无论是街区自助图书馆，还是城市书房，其场馆面积和馆藏量总是有限的，自助馆的文献资源必须及时调度，定期更新，如同源头活水，持续对社区居民形成吸引力。再次，自助馆要满足读者的个性化借阅需求，尊重个体的借阅需求。当读者提出预约申请后，就需要有专人负责图书的查找和送达，并配备短信通知等服务。

（二）以开放姿态促进基层阅读

自助馆在选点、建设、运维的整个过程中，要采取开放姿态，听取读者建议，吸纳社会智慧。在选址阶段，可以公开建点标准，凡符合条件的社区、乡村、企业等可以自由申报，让申请自助馆成为社区内的公共文化事件。在装修设计阶段，注意自助馆与周边社区建筑风格的统一，要融入社区元素，体现社区个性；在日常运维中，吸收社区志愿者组成服务团队，受理日常咨询，指导社区居民使用自助馆。以开放姿态建馆，有助于激发社区居民对于自助馆的认同感，使居民更乐意走入自助馆、利用自助馆。

（三）以活动设计促进基层阅读

自助馆不仅是一个文献流转中心，而且也是一个文化交流中心，公共图书馆要将自助馆看成是实体馆的延伸，要将馆内的讲座、沙龙、培训、展览等延伸到自助馆中，让自助馆周边的读者也能从纸本阅读以外多角度地感受到阅读的乐趣。同时，自助馆也要面向读书会等各类社会组织免费提供场所预约服务，引入社会力量，推广公益阅读服务，将亲子阅读、真人图书馆、朗读活动等多形式的阅读活动吸引进来，让自助馆真正成为开放的文化交流空间。

（四）以品牌经营促进基层阅读

品牌经营是指自助馆在建设过程中，要采用品牌化战略，打造自身的知名度和影响力，让读者认识自助馆，认同自助馆。在具体做法上，一是采用连锁经营模式，自助馆拥有统一标识、统一配置自助设备、统一管理标准、统一配送图书，让基础服务标准化。二是打造特色活动品牌，如绘本讲读、真人图书馆、少儿朗读等活动打造品牌，定期开展品牌活动，形成规模效应。

三、自助化阅读推广的难点与突破

自助馆的服务效能与布点规划、设备维护、人员服务息息相关。部分自助馆内门庭冷落，读者使用率低，分析原因主要有：布点不合理、文献更新慢、设备故障率高、管理人员缺位等。从改进策略上看应注意以下三点。

（一）优化布点、及时配送

在自助馆设点前，要统筹规划，对比现有各级图书馆、图书室的服务半径，优先考虑人口密集，但公共图书馆服务缺位的空白地点。自助馆设点后，要建立服务效能统计和分析系统，对自助馆的服务人次、借阅册次、用户年龄、文献类型、高峰时段进行分析，了解用户使用习惯，建立与之相对应的配送策略。同时每年更新自助文献库，保持自助馆文献对读者的长期吸引力。

（二）排除故障、运维分包

自助设备故障会严重影响自助馆的服务效果。针对这一情况，要建立设备监控平台，及时发现问题，并采用运维分包模式，将服务监控、设备维护、图书配送、用户分析工作交由专业人员完成，减少设备故障，提高运维效率。

（三）职责明确、培训专业

自助馆采用用户自助服务模式，但服务人员不能缺位。在无人值守背后，要有一支专业的运维团队。明确图书配送人员、设备维护人员、活动策划人员、志愿服务人员的岗位责任，建立志愿者培训上岗机制，确保自助馆服务的专业性。

第三节　移动化阅读推广

移动互联网和移动终端的发展势不可挡。2002 年年底，我国使用移动终端的上网用户仅 153 万[①]，到 2014 年 6 月，手机网民规模已超过个人计算机上网用户，达到 5.27 亿[②]。此后手机网民人数仍逐年攀升，到 2017 年年底，网民中使用手机的上网人群占比已达到97.5%[③]。移动互联网的服务场景日渐丰富，智能手机成为人们生活中不可或缺的助手。

在移动互联网发展的大环境下，图书馆也在顺势而为，开发移动化阅读服务。从本质上看，移动化阅读是数字化阅读在移动互联网环境下的转型，读者可以通过移动终端，随时随地获取图书馆的资源和服务。早在 2005 年，我国公共图书馆如上海图书馆、国家图书馆等就已经开展了移动化阅读服务。十余年来，服务

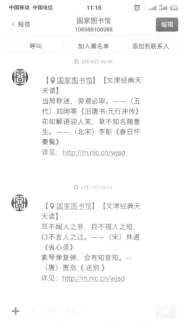

图 10–5　中国国家图书馆"文津经典天天读"为订阅用户每天推送一条短信

形式几经转变，现已基本形成包括短信服务、手持阅读器外借、WAP 网站、阅读 App、微博、微信等形式组成的移动服务矩阵。通过线上和线下的运营，让图书馆移动服务向基层渗透，以此推动了社区和乡村的阅读之风。

本节由三部分组成，首先，展示移动化阅读服务的常见形式。其次，介绍移动化阅读服务的主要方式。最后，分析开展移动化阅读服务的难点与突破，为图书馆工作者在社区和乡村开展移动阅读服务提供参考。

---

① 中国互联网络信息中心 . 中国互联网络发展状况统计报告（ 2003 年 1 月)[EB/OL].［ 2018–06–01].
　http：//www.cnnic.net.cn/hlwfzyj/hlwxzbg/hlwtjbg/201206/P020120612484923865360.pdf.
② 中国互联网络信息中心 . 中国互联网络发展状况统计报告(2014 年 7 月)[EB/OL].［ 2018–06–01].
　http：//www.cnnic.net.cn/hlwfzyj/hlwxzbg/hlwtjbg/201407/P020140721507223212132.pdf.
③ 中国互联网络信息中心 . 第 41 次中国互联网络发展状况统计报告［ EB/OL].［ 2018–06–01].
　http：//www.cnnic.net.cn/hlwfzyj/hlwxzbg/hlwtjbg/201803/P020180305409870339136.pdf.

一、移动化阅读服务的形式

随着移动技术的发展，移动图书馆的服务形式一直在更新变化，下文择要进行介绍。

（一）短信（彩信）服务

短信服务是图书馆早期开展移动服务的主要形式，短信服务内容主要有：图书催还、图书续借、预约到达通知、读者卡挂失、短信订阅等服务。如国家图书馆，把"文津经典天天读"的内容以短信订阅形式推送给读者，每天推送一条弘扬中华传统美德的文字和一首古代诗词。短信由文字和音频链接两部分组成，读者既可阅读文字，又可倾听朗读，在日常生活中就可以感受中华古诗词之美。

（二）手持电子书阅读器外借

图10-6 2013年，1160余台汉王电纸书进入上海的区县分馆和街镇图书馆

自2008年开始，国家图书馆、上海图书馆、广州图书馆、首都图书馆等都先后都推出了手持阅读器外借服务，手持阅读器内还预装了电子书，方便读者体验数字阅读。除了在馆内开展服务外，部分图书馆还将电子书阅读器借阅服务拓展到基层。2013年3月，上海图书馆将1000台"汉王F30二代黄金电纸书"阅读器外借服务推广到18家区县分馆，同年5月，又将160多台电子书阅读器外借服务延伸到40家街镇图书馆服务点，满足了乡村、社区读者就近借阅电子书阅读器的需求[①]。

（三）WAP网站

WAP是英语"Wireless Application Protocol"（"无线应用协议"）的缩写，手机WAP网站，就是基于WAP协议建立的，用于手机访问的网站。国家图书馆、上海图书馆、湖南图书馆、深圳图书馆、天津图书馆等图书馆都建有自己的WAP网站，对比之下，国家图书馆"掌上国图"手机门户（m.mlc.cn）在界面设

---

① 全国文化信息共享工程上海市中心网.上海市中心图书馆电子书阅读器外借服务向街镇馆延伸［EB/OL］.［2018-06-25］.http：//whgx.library.sh.cn/SHlibraryNews3926008.htm.

计、功能整合、资源开放上都较为出色。非持证读者在未登录情况下，即可观赏世界文明史连环画、倾听国图公开课资源；持证读者登录后，还可全文阅读电子书和电子期刊。

图 10-7　掌上国图手机门户首页

（四）微信

自 2013 年起，中国各级公共图书馆陆续开通微信公众号，主动推送信息，推荐数字资源，解答用户疑问。目前，微信公众号已成为各个图书馆开展移动阅读服务的主要阵地。在国内公共图书馆中，湖南省图书馆微信公众号目前在用户数、阅读数、点赞量均名列前茅，具有一定影响力[①]。

湖南图书馆从微信建立初期，就开始对用户信息和访问数据进行分析，根据女性用户占多数和地域信息受欢迎这两大特性，描绘出主要受众画像：即爱好文艺与阅读的长沙女性形象。在微文推送时，注意主题遴选和发布时机，将粉丝群稳定扩大。湖南图书馆微信的另一大特点是数字资源的开放性。"在线阅读"栏目下的听书类、期刊类、英文类的资源完全向网络用户公开，增加了数字阅读服务的覆盖面，使各地社区和乡村的用户都能便利地获取资源。

除了以上介绍的几种方式外，目前公共图书馆移动阅读服务方式还有 RSS 订阅、二维码应用、微博、博客、手机 App 等。

二、移动化阅读推广的方式

图书馆的移动阅读服务，不能坐等读者搜索发现，而是要进行主动推介，进驻到读者的手机等移动阅读设备当中，并通过功能和活动吸引用户产生黏性，使图书馆的移动阅读服务成为社区和乡村读者日常生活中的一部分。

---

① 严贝妮，解贺嘉.我国省级公共图书馆微博与微信服务现况调查与分析［J］.新世纪图书馆，2017（7）：25–30.

（一）以"到达用户"为目标的推广方式

"到达用户"是移动化阅读推广的第一步，就是让读者添加图书馆微信公众号、关注微博，安装 App，扫码阅读数字文献，让图书馆的移动化的阅读服务进驻读者的手机当中。实现这一目标的推广方式有：一是利用乡村图书馆和社区阅览室等传统阅读服务阵地，将图书馆纸质文献借阅者转化为移动阅读服务用户。这部分读者对图书馆的认同感较强，通过办证引导、二维码张贴、功能演示等能够转化用户。二是让图书馆的移动阅读服务进驻公共服务空间。如北京的"M 地铁·图书馆"让阅读服务进驻地铁 4 号线国家图书馆站，将阅读二维码放置在车厢里，吸引乘坐地铁的城市人群。三是利用节庆活动与其他机构进行合作推广。如利用世界读书日、全民读书月、书展、漫画展、文创展、农民读书节、乡村音乐节、乡村庙会等活动契机，结合展会主题，走入社区乡村，开展移动阅读推广活动，以吸引有阅读需求，但距离实体图书馆较远的那部分读者关注移动阅读服务。

（二）以"服务用户"为目标的推广方式

"服务用户"是指图书馆的移动阅读服务能够满足读者关于信息检索、自助学习、亲子阅读等实际需求，读者通过体验，能够感受到图书馆的移动阅读资源是有价值的，且是友好易用的。从推广方式上看，主要有以下三种。一是提供一定的体验型设备设施。在社区、乡村图书室放置电子书借阅机、期刊借阅机，引导读者阅读和下载图书，通过扫码可以直接带走图书。二是通过短视频、微文推送、图文海报等方式，让读者由浅入深地接触图书馆的移动服务。宣传视频宜短，最好在三分钟以内。微文中注意图文结合，每次宣传抓住用户的"小"痛点，解决用户的"小"需求。比如：面向城市社区用户进行推送，抓住"名校公开课""音乐听书""亲子阅读""绘本"等某一项服务进行推介，这样做比罗列图书馆数据库名称更有效。面向乡村读者推送"政府信息公开""社保查询""自学考试""戏剧曲艺""名人乡贤"等内容，比简单地介绍图书馆知识服务功能要好。三是将移动图书馆中的业务功能介绍给读者，这些服务能够有效节省读者时间。比如，网上续借、网上预约、在线支付滞纳金、在线咨询等服务，要让读者熟悉这些操作，并形成使用习惯。

（三）以"留住用户"为目标的推广方式

"留住用户"是要保持用户黏性，吸引读者经常性地使用图书馆的移动阅读服务。图书馆的移动阅读服务要长期停留在用户移动设备中，并保持黏性是有难度的。对应的推广方式有：一是举办主题鲜明的系列活动，丰富读者的阅读体验，让阅读变得可亲有趣。如上海图书馆的"微阅读·行走"，将"线上阅读""线下沙龙""城市行走"三者结合，让读者用走读的方式更好地理解作者笔下的世界。二是与用户进行良性互动，在 24 小时内及时回答用户的问题。对基层读者，尤其是老年人、少年儿童、残疾人的问题进行专门整理，分析常见问题，以推文形式进行集中反馈。对用户访问数据进行分析，调整方式，改进服务。三是抓住热点，定期推送资源。比如将热播剧集与原著电子版推送结合起来，用一本热门书推动用户发现和使用一项服务功能，分阶段形成宣传热点，提升用户的活跃度。

三、移动化阅读推广的难点与突破

社区与乡村的移动化阅读推广，面临着一系列问题亟待解决。想要进一步在社区与乡村普及移动化方式，提高公众参与水平，就需要针对这些问题提出解决之道。

（一）移动化阅读推广的持续性和影响力不足

图书馆面向乡村和社区的移动化阅读推广往往与"文化下乡""世界读书日""全民读书月"的活动相结合，在活动当天形成热点，但活动结束后难以形成长期影响力，活动参与者并没有转化为移动阅读的受益者。要扭转这一局面，就要把移动阅读推广当成一项长期的、持续性的工作开展。将节庆日的重大活动与日常性的推广结合起来，通过大活动造势，在日常推广中巩固用户人数。在日常推广中，图书馆员要结合社区和乡村的居民需求，推送针对性强的移动阅读推广资源，有计划、有重点、多形式地进行资源推荐，如对老年人较多的社区和乡村推送线上听书资源，针对少儿较多的社区和乡村推送绘本讲读资源，把数字资源推广融入本地区图书室的日常讲座、展览等活动当中，对读者形成持续吸引力。

（二）移动阅读推广人的数量和专业性不足

社区和乡村的移动阅读推广工作需要一批专业性强的基层阅读推广人，他们既要熟悉移动数字资源的内容，又要善于活动策划，能够对本区域读者的共性和个性阅读需求进行分析，给出相应的满足策略。现实情况是，社区和乡村的图书馆一线工作人员往往为兼职，对图书馆文献尤其是可以免费使用的数字文献熟悉不够。要扭转这一局面，需要加强投入，保障基层图书馆的日常运作，在建立图书管理专职专岗的基础上，通上线上和线下的业务培训，提高一线阅读推广人的专业水平。同时加强与其他社会机构的合作，吸纳社会力量推进社区和乡村阅读，吸引热心人士加入志愿者服务行列，助力基层阅读。

后　记

在中国图书馆学会阅读推广委员会的推荐和鼓励下，宁波市图书馆承担起"阅读推广人教材"《社区与乡村阅读推广》一书的编写任务，并由徐益波任本册主编。2017年10月，组织编写人员一起讨论并开始制订大纲。2017年12月8日，"阅读推广人系列教材"（第三至七辑）主编会议在广东省佛山市图书馆召开，徐益波馆长应邀做了该书大纲制订的经验介绍，并聆听李东来馆长、王余光教授和汪涛社长的编撰要求。

2018年1月，成立编委会，并聘请南开大学徐建华教授为本书学术指导，进一步落实在佛山召开的主编会议精神，制订具体编写方案，将每讲编写任务落实到个人。2018年1-3月，编委参照阅读推广人第一辑、第二辑的编写体例内容、语言风格、学术规范，熟悉个人撰写章节的相关理论前沿和实践案例，搜集社区和乡村阅读推广的文字和图片资料。4月，动笔编写初稿，至8月底，初稿撰写完毕。本书编写分工如下：徐益波撰写第一讲、第八讲及全书统稿；陈健撰写第二讲、第六讲；汪岚撰写第三讲；华东杰撰写第四讲；刘燕撰写第五讲；彭佳撰写第七讲；毛婕撰写第九讲；徐岚撰写第十讲；万湘容撰写第二讲第一节、后记，及负责编委会协调工作。9-10月经过二轮修改，终于定稿，交予出版社。

在编写过程中，徐建华教授多次参与编委会议，提出了许多宝贵的意见，倾注了较多的心血，在此特别感谢。在编写过程中，引用和参考了许多国内外学者们的研究成果，使本书增色添彩，在此特别鸣谢。朝华出版社的张汉东老师也为本书的出版忙前忙后，在此特别感谢。尽管由于编辑人员的努力使本书尽善尽美，但因学识水平有限，仍然挂一漏万，望各位专家批评指正，各位读者提出意见！

万湘容

2018年12月